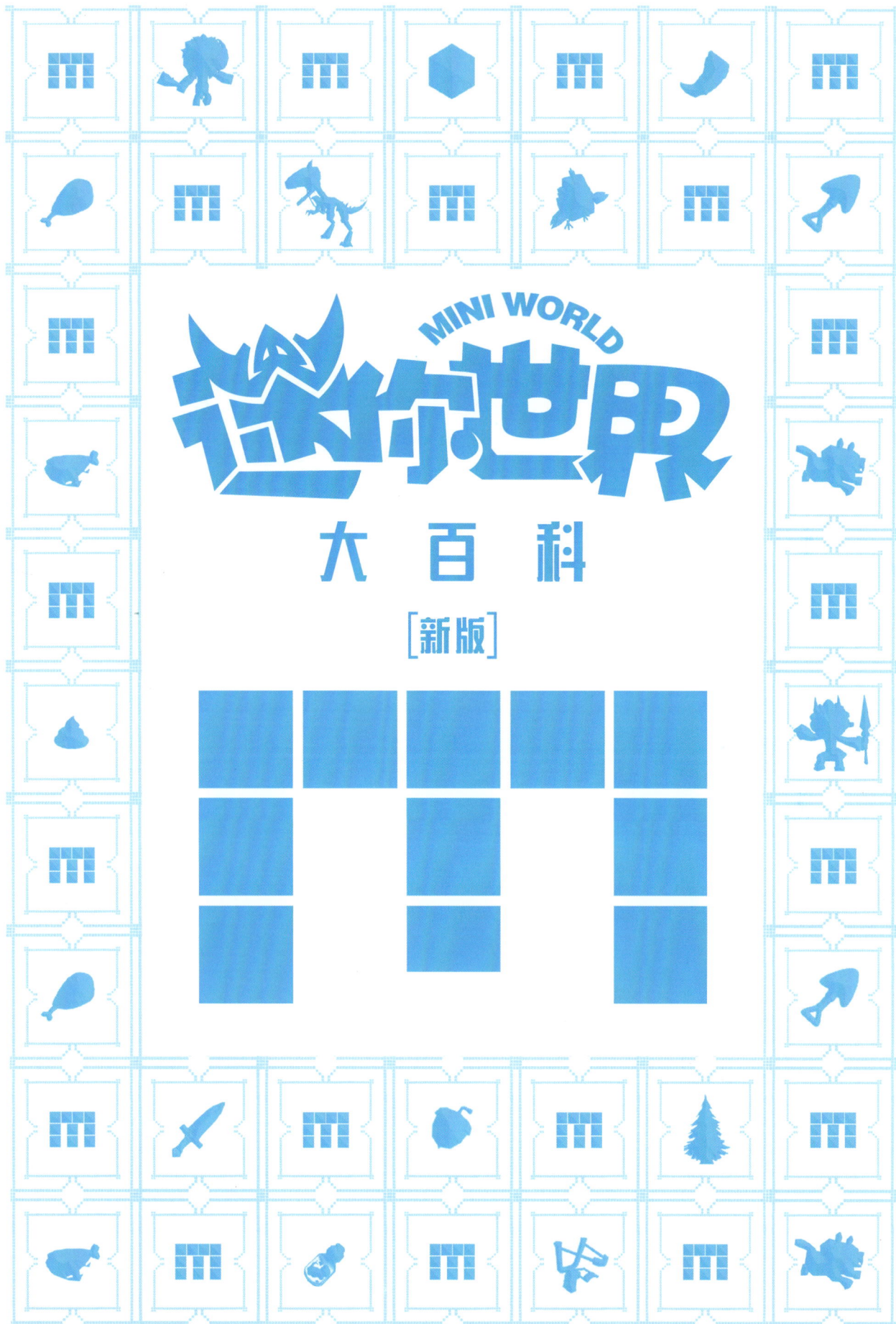

MINI WORLD

迷你世界

大百科

[新版]

中国致公出版社

迷你创想 著

图书在版编目（CIP）数据

迷你世界大百科：新版 / 迷你创想著 . -- 北京：
中国致公出版社 , 2023
ISBN 978-7-5145-2019-4

Ⅰ . ①迷… Ⅱ . ①迷… Ⅲ . ①科学知识 – 儿童读物
Ⅳ . ① Z228.1

中国版本图书馆 CIP 数据核字 (2022) 第 174000 号

迷你世界大百科：新版 ／ 迷你创想　著
MINI SHIJIE DA BAIKE:XINBAN

出　　版	中国致公出版社
	（北京市朝阳区八里庄西里 100 号住邦 2000 大厦 1 号楼西区 21 层）
发　　行	中国致公出版社（010-66121708）
责任编辑	付　阳　邓　苗
责任校对	邓新蓉
策划编辑	王珮丽　吕蕊江
封面设计	一　林
印　　刷	天津海顺印业包装有限公司
版　　次	2023 年 5 月第 1 版
印　　次	2023 年 5 月第 1 次印刷
开　　本	889 mm × 1194 mm 1/16
印　　张	11.25
字　　数	180 千
书　　号	ISBN 978-7-5145-2019-4
定　　价	98.00 元

目录

注：本书根据游戏1.16.0版本制作，请勿模仿游戏内的任何行为。

角色

角色
生物
方块
工具
作物
杂物

人物角色

酋长

空白五星可以涂色哟!

巴拉贡酋长是石头部落的首领,别看他平时总爱唠叨,还会偷懒不干活儿,他可是多年前参加虚空之战的英雄。在关键时刻,他会全力守护自己的家人和部落。

天赋

进攻就是最好的防守,酋长的**强壮天赋**能够极大地提升攻击伤害,在战斗中帮助你更快地击败对手。

力量指数: ★ ★ ★ ★ ★
智慧指数: ★ ★ ★
技能指数: ★ ★ ★ ★
魅力指数: ☆ ☆ ☆ ☆ ☆

LV1 基础伤害增加5点。

LV2 基础伤害增加10点。

卡卡

卡卡是巴拉贡酋长的养子,也是参加虚空之战的英雄的后裔。他的身体里同时存在两种不同的能量,这让他在战斗中时常发挥不稳定,但也使他不那么容易受伤。

天赋

在团队作战中,卡卡的**倔强天赋**能有效降低受到的远程伤害,简直是实施偷袭的不二人选。

力量指数: ★ ★ ★ ★
智慧指数: ★ ★ ★ ☆
技能指数: ★ ★ ★ ★
魅力指数: ☆ ☆ ☆ ☆ ☆

LV1 受到的远程伤害降低20%。

LV2 受到的远程伤害降低40%。

妮妮

作为酋长的独生女，妮妮是石头部落当之无愧的小公主，也是部落未来的首领。在部落里，妮妮的采集能力可是数一数二的。

天赋

妮妮是新手小伙伴的人气之选，她的**勤劳天赋**能提高采集速度，帮你尽快收集物资，在迷拉星定居。

力量指数：★★★
智慧指数：★★★★
技能指数：★★★★☆
魅力指数：☆☆☆☆☆

LV1 采集速度提高50%。

LV2 采集速度提高100%。

酋长夫人

在石头部落里，惹谁都不要惹彪悍的酋长夫人艾琳。但孩子们很喜欢这位热情、爱笑的酋长夫人，最重要的是跟着她去狩猎总能有意外收获。

天赋

酋长夫人的**狩猎能手天赋**可以让你在狩猎时收获更多物资，想要升级护甲和武器的时候就带上酋长夫人去狩猎吧。

力量指数：★★★★
智慧指数：★★★★
技能指数：★★★★☆
魅力指数：☆☆☆☆☆

LV1 狩猎有25%的概率获得2倍掉落物。

LV2 狩猎有25%的概率获得2倍掉落物，15%的概率获得3倍掉落物。

熊孩子

调皮捣蛋的熊孩子总有很多稀奇古怪的想法，还和丛林里的迷你怪怪们成了玩伴。他最得意的事是收服了爆爆蛋做他的部下，并在炸弹领域小有成就。

天赋

去火山冒险记得带上熊孩子！他的**炸弹鬼才天赋**不仅能降低受到的爆炸伤害，还能对付神出鬼没的爆爆蛋。

力量指数：★★★
智慧指数：★★★★
技能指数：★★★★☆
魅力指数：☆☆☆☆☆

LV1 受到的爆炸伤害降低20%。

LV2 受到的爆炸伤害降低40%。

角色
生物
方块
工具
作物
杂物

3

生物

方块

工具

作物

杂物

队长汤姆

"报告队长，迷拉星南部出现异常！"迷你队长汤姆每天四处奔波，处理各种突发状况，没有特殊能力可应付不来！所以，他的身体恢复能力优于常人也就不奇怪了。

天赋

队长汤姆擅长应对各种恶劣环境，尤其是水下探险。他的野外求生天赋可以提高野外生存概率，探索未知地形的时候就带上他吧。

力量指数：★★★★☆
智慧指数：★★★★
技能指数：★★★★★
魅力指数：☆☆☆☆☆

LV1 体力值和生命值自然恢复速度、食物恢复的体力值/生命值增加10%，水下氧气消耗速度降低10%。

LV2 体力值和生命值自然恢复速度、食物恢复的体力值/生命值增加20%，水下氧气消耗速度降低20%。

特工罗拉总能在险境中全身而退，这可不是靠着幸运之神的眷顾。在某次危急关头，罗拉突然预感到危险降临并机敏地避开。此后，她就爱上了刺激的冒险。

特工罗拉

天赋

特工罗拉擅长面对强大的敌人，她的预感天赋能够让你免受一次致命伤害，是挑战boss的最佳选择。

力量指数：★★★★
智慧指数：★★★★
技能指数：★★★★☆
魅力指数：☆☆☆☆☆

LV1 受到的伤害大于45点并导致死亡时，以25%的生命值立刻重生，触发间隔时间为5分钟。

LV2 受到的伤害大于25点并导致死亡时，以50%的生命值立刻重生，触发间隔时间为3分钟。

小淘气辛迪

辛迪经常听到"天哪，她居然是个女孩"这样的惊叹。她的运动能力超级强大！淘气的辛迪可不想当乖乖女，她喜欢机械和驾驶，成为飞行员是她的梦想。

天赋

小淘气辛迪不惧各种高低起伏的地形，她的**超级跳跃天赋**可以让你轻松完成跑酷挑战。

力量指数：★★
智慧指数：★★★
技能指数：★★★★★
魅力指数：☆☆☆☆☆

LV1 跳跃高度**增加50%**，摔落伤害**降低10点**。

LV2 跳跃高度**增加50%**，摔落伤害**降低20点**，可以二段跳。

名满天下的史提芬教授最大的遗憾是没有解开虚空之谜，他坚持不懈地探索矿洞，寻找虚空的线索，所有特殊物品都是他的研究对象。

史提芬教授

天赋

在挖掘岩石时，史提芬教授的**博学天赋**可以增加发现稀有矿石、材料和特殊方块的概率，为挑战boss做好充足的准备。

力量指数：★☆
智慧指数：★★★★★
技能指数：★★★★
魅力指数：☆☆☆☆☆

LV1 挖掘岩石时有**4%**的概率发现稀有矿石、材料。

LV2 挖掘岩石时有**6%**的概率发现更多稀有矿石、材料和特殊方块。

助教彼得

应征史提芬教授助教的青年学者中不乏精英与天才，彼得最终能脱颖而出完全归功于他对细节的追求。拥有一双善于发现的眼睛是助教彼得最大的优势。

天赋

不要小看助教彼得的**意外发现天赋**，除了采集、挖矿和狩猎，击碎罐子是获取稀有材料的捷径之一。

力量指数：★★
智慧指数：★★★★
技能指数：★★★

LV1 击碎罐子有**18%**的概率发现稀有材料。

LV2 击碎罐子有**27%**的概率发现更多稀有材料和特殊方块。

角色

生物

方块

工具

作物

杂物

坐骑

麒麟

别看它长得像马，它可是货真价实的麒麟，行动如风，还能在岩浆上行走。

生命值 200　移动速度 1000　跳跃高度 120

技能
坐骑宝宝　炎走

解锁途径
用家园植物果实开出的碎片合成。

祥瑞麒麟

麒麟的进阶形态，在解锁麒麟后才可解锁获得。行走时腿部会喷发火焰，好不威风。

生命值 200　移动速度 1100　跳跃高度 130

技能
坐骑宝宝　炎走　疾冲

解锁途径
用家园植物果实开出的碎片合成。

化石龙

拥有生命的神奇化石，是迷拉星人出行的首选坐骑。冲刺技能使它在所有坐骑中速度首屈一指。

生命值 200　移动速度 1000　跳跃高度 120

技能
坐骑宝宝　冲刺

解锁途径
用家园植物果实开出的碎片合成。

超级化石龙

化石龙的进阶形态，在解锁化石龙后才可解锁获得。轻盈的骨骼使它可以在水面上快速移动。

生命值 200　移动速度 1100　跳跃高度 130

技能
坐骑宝宝　冲刺　踏水

解锁途径
用家园植物果实开出的碎片合成。

敏捷飞鼠

外形小巧可爱，拥有超强的跳跃能力，绝对是冒险之初推荐坐骑中的人气之选。

| 生命值 | 200 | 移动速度 | 800 | 跳跃高度 | 180 |

技能

坐骑宝宝　超跳

解锁途径

参加运营活动领取。

机灵飞鼠

乘风滑翔，冲呀！

敏捷飞鼠的进阶形态，在解锁敏捷飞鼠后才可解锁获得。在高科技装备的辅助下，它跳得更高，还可以滑翔。

| 生命值 | 200 | 移动速度 | 900 | 跳跃高度 | 200 |

技能

坐骑宝宝　超跳　滑翔

解锁途径

用家园植物果实开出的碎片合成。

迅捷陆行鸟

迅捷陆行鸟在迷萌星非常受欢迎，在一年一度的懒人节上，陆行鸟挑战赛绝对是最火爆的节目！迅捷陆行鸟没有进阶形态。

| 生命值 | 200 | 移动速度 | 1000 | 跳跃高度 | 120 |

技能

坐骑宝宝　双骑

解锁途径

家园达到10级后解锁。

欢乐白象

魔法马戏团饲养的白象，拥有绝妙的平衡感。它喜欢各种各样的庆典活动。

| 生命值 | 180 | 移动速度 | 800 | 跳跃高度 | 90 |

技能

坐骑宝宝

解锁途径

用家园植物果实开出的碎片合成。

角色

生物

方块

工具

作物

杂物

盛典白象

欢乐白象的进阶形态，在解锁欢乐白象后才可解锁获得。顽强技能让它在坐骑中拥有较高的生命值。

| 生命值 | 260 | 移动速度 | 900 | 跳跃高度 | 100 |

技能

坐骑宝宝　顽强

解锁途径

用家园植物果实开出的碎片合成。

海豹船长

从小就热爱出海航行，由于表现出色，从水手一路晋升到船长。最擅长潜入水下，侦察暗礁、怪物，为船队护航。

| 生命值 | 180 | 移动速度 | 500 | 跳跃高度 | 60 |

技能

坐骑宝宝　潜泳

解锁途径

参加运营活动领取。

超能海豹

海豹船长的进阶形态，在解锁海豹船长后才可解锁获得。装备增速器和侦察镜后，水下侦察的效率大大提高了。

| 生命值 | 200 | 移动速度 | 600 | 跳跃高度 | 80 |

技能

坐骑宝宝　潜泳　激流

解锁途径

用家园植物果实开出的碎片合成。

福袋猫猫

不吃饱哪有力气减肥！

脖子上的福袋里装着各种美味的食物，怪不得体重会超标。面前悬挂的小鱼干就是它减肥的动力。

| 生命值 | 180 | 移动速度 | 800 | 跳跃高度 | 100 |

技能

坐骑宝宝　飞扑

解锁途径

用家园植物果实开出的碎片合成。

舞狮猫猫

福袋猫猫的进阶形态，在解锁福袋猫猫后才可解锁获得。为庆祝减肥成功，它换上了舞狮服，小鱼干也换成了喜庆的绣球。

生命值 200　**移动速度** 900　**跳跃高度** 130

技能

坐骑宝宝　飞扑　威慑

解锁途径

用家园植物果实开出的碎片合成。

神圣天马

传说中的生物，很少被人看到，传说会给见到它的人带来好运。只有极少数的幸运儿才能驯服它作为坐骑。

生命值 180　**移动速度** 900　**跳跃高度** 90

技能

坐骑宝宝　飘浮

解锁途径

用家园植物果实开出的碎片合成。

星河天马

神圣天马的进阶形态，在解锁神圣天马后才可解锁获得。穿梭在宇宙间，会在行进途中撒下星星，这些星星最终会形成一条星河。

生命值 200　**移动速度** 1000　**跳跃高度** 100

技能

坐骑宝宝　飞行

解锁途径

用家园植物果实开出的碎片合成。

富贵金轿

龙星域达官贵人的专属坐骑，由四只仓鼠负责抬轿。龙星域的仓鼠天生神力，能轻松抬起比它们自身重十几倍的东西。

生命值 180　**移动速度** 500　**跳跃高度** 60

技能

坐骑宝宝　双骑

解锁途径

用家园植物果实开出的碎片合成。

角色

生物

方块

工具

作物

杂物

桃香扇缘

富贵金轿的进阶形态，在解锁富贵金轿后才可解锁获得。座位后面的桃花树会在移动时不断地飘落花瓣。

| 生命值 | 200 | 移动速度 | 600 | 跳跃高度 | 70 |

技能

坐骑宝宝　双骑　能量盾

解锁途径

用家园植物果实开出的碎片合成。

炎狱魔龙

我跟黑龙那家伙可不一样！

跟熔岩黑龙同族，但对人类没有敌意。胸口的宝石是它的力量来源，只有被它认同的勇士才有资格骑乘。

| 生命值 | 180 | 移动速度 | 500 | 跳跃高度 | 60 |

技能

坐骑宝宝　炎狱火　振翅

解锁途径

用家园植物果实开出的碎片合成。

深渊咆哮

炎狱魔龙的进阶形态，在解锁炎狱魔龙后才可解锁获得。除了充当飞行坐骑，它还可以喷射火焰，威慑和攻击敌方。

| 生命值 | 200 | 移动速度 | 600 | 跳跃高度 | 70 |

技能

坐骑宝宝　幽冥火　展翼

解锁途径

用家园植物果实开出的碎片合成。

玉兔桃花

据说是用月亮碎片打造的，巧夺天工，甚至被月兔误认作自己的故乡。可以发射星星照明，是夜晚或挖矿时的好帮手。

| 生命值 | 180 | 移动速度 | 500 | 跳跃高度 | 60 |

技能

坐骑宝宝　星光

解锁途径

用家园植物果实开出的碎片合成。

皎月仙宫

玉兔桃花的进阶形态，在解锁玉兔桃花后才可解锁获得。新增的翅膀提升了移动速度和跳跃高度。

生命值	200	移动速度	600	跳跃高度	70

技能

坐骑宝宝　　星光　　月生

解锁途径

用家园植物果实开出的碎片合成。

缤纷幻想

独角"牛"造型的摩托车，可以按响喇叭，提醒其他人注意交通安全。缤纷幻想没有进阶形态。

生命值	200	移动速度	600	跳跃高度	70

技能

嘟嘟车冲啊

解锁途径

在福利商店兑换。

福运哞哞

身上的鞍是用纯金打造的，脖子上还挂着一颗价值连城的好运宝珠，看起来吉祥又富贵。福运哞哞没有进阶形态。

生命值	200	移动速度	600	跳跃高度	70

技能

五谷丰登

解锁途径

在福利商店兑换。

北辰荧火

形似鲸鱼，是当之无愧的体形最大的坐骑。它是迷你世界里首个可同时乘坐 4 人的坐骑。

生命值	200	移动速度	650	跳跃高度	100

技能

坐骑宝宝　　四人同行　　鲸之浮岛

解锁途径

用家园植物果实开出的碎片合成。

角色

生物
方块
工具
作物
杂物

11

浮游山海

升级后，我反而不能潜水了！

北辰荧火的进阶形态，在解锁北辰荧火后才可解锁获得。背上背着一座小矿山，看上去像是某种珍稀矿石，可惜无法挖掘。

生命值 200　移动速度 750　跳跃高度 130

技能

坐骑宝宝　四人同行　星河穿梭

解锁途径

用家园植物果实开出的碎片合成。

飞花踏雪

据说是仙奉星仙人的专属坐骑，由飘散着仙气的莲花变化而成。

生命值 180　移动速度 500　跳跃高度 60

技能

坐骑宝宝　飞花

解锁途径

用家园植物果实开出的碎片合成。

镜花水月

飞花踏雪的进阶形态，在解锁飞花踏雪后才可解锁获得。能够御风而行，两旁的大灯笼让夜晚出行也十分方便。

生命值 200　移动速度 600　跳跃高度 70

技能

坐骑宝宝　惊鸿

解锁途径

用家园植物果实开出的碎片合成。

苍林白鹿

森林的守护神，会为森林中受伤的旅人提供帮助。它是迷你世界周年庆时推出的九色鹿主题坐骑，据说颜色能千变万化。

生命值 200　移动速度 600　跳跃高度 70

技能

叶舞

解锁途径

花费迷你币解锁。

涅盘绘色

苍林白鹿的进阶形态，在解锁苍林白鹿后才可解锁获得。漆黑的身躯散发着崇高、庄严的气息。

| 生命值 | 200 | 移动速度 | 600 | 跳跃高度 | 70 |

技能

日轮

解锁途径

用家园植物果实开出的碎片合成。

鹿王本生

大家还想看我变成什么颜色？

涅盘绘色的进阶形态，在解锁涅盘绘色后才可解锁获得。它的两个技能对战斗大有帮助，是打怪、刷素材的不二选择。

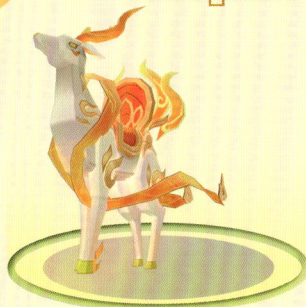

| 生命值 | 200 | 移动速度 | 600 | 跳跃高度 | 70 |

技能

日轮　神光

解锁途径

用家园植物果实开出的碎片合成。

源码螺旋

它是迷你世界最小巧的坐骑，便携好用的螺旋桨使它颇具人气。

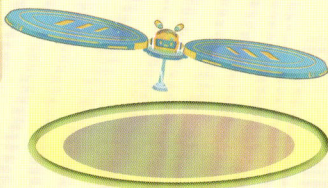

| 生命值 | 140 | 移动速度 | 400 | 跳跃高度 | 60 |

技能

悬空　贴地飞行

解锁途径

在迷你编程APP中获得。

小老虎

萌萌的小老虎人见人爱，花见花开，是天下星春节期间的吉祥物。

| 生命值 | 180 | 移动速度 | 700 | 跳跃高度 | 60 |

技能

祥瑞

解锁途径

花费迷你币获得。

角色

生物

方块

工具

作物

杂物

角色

生物
方块
工具
作物
杂物

萌虎下山

小老虎的进阶形态，在解锁小老虎后才可解锁获得。瞧瞧这可爱的脸蛋，任谁都会说它只是一只大一点儿的猫咪罢了。

| 生命值 | 200 | 移动速度 | 800 | 跳跃高度 | 80 |

技能

祥瑞　虎跃

解锁途径

用家园植物果实开出的碎片合成。

虎虎生威

萌虎下山的进阶形态，在解锁萌虎下山后才可解锁获得。这模样确有几分不怒自威的气势。

| 生命值 | 220 | 移动速度 | 900 | 跳跃高度 | 100 |

技能

瑞兽　虎跃　虎啸山林

解锁途径

用家园植物果实开出的碎片合成。

灰甜绒绒

看上去平平无奇的小天鹅，甚至连技能都没有，值得期待的是它的成长性。它是迷你世界里首个可以进阶三次的坐骑。

| 生命值 | 100 | 移动速度 | 300 | 跳跃高度 | 70 |

解锁途径

参加运营活动领取。

星愿雪霜

灰甜绒绒的进阶形态，在解锁灰甜绒绒后才可解锁获得。它能召唤3只小天鹅陪伴自己。

| 生命值 | 160 | 移动速度 | 400 | 跳跃高度 | 70 |

技能

浮光掠羽

解锁途径

用家园植物果实开出的碎片合成。

绮幻奇旅

星愿雪霜的进阶形态，在解锁星愿雪霜后才可解锁获得。它学会了潜水的技能。

| 生命值 | 180 | 移动速度 | 500 | 跳跃高度 | 90 |

技能

浮光掠羽　天鹅湖

解锁途径

用家园植物果实开出的碎片合成。

曦光绘梦

绮幻奇旅的进阶形态，在解锁绮幻奇旅后才可解锁获得。成长后的最终形态，除了潜水，还能飞行。

| 生命值 | 200 | 移动速度 | 700 | 跳跃高度 | 130 |

技能

浮光掠羽　天鹅湖　曦光飞行

解锁途径

用家园植物果实开出的碎片合成。

无敌旋风

充满未来感的车身设计，搭载强劲引擎，速度值得期待。无敌旋风没有进阶形态。

| 生命值 | 200 | 移动速度 | 600 | 跳跃高度 | 70 |

技能

旋风

解锁途径

参加运营活动领取。

勇士战机

集结兔星域尖端科技制造的战机坐骑，和飞翼战机是相同型号。兔星域的居民喜欢乘坐它前往宇宙观光。

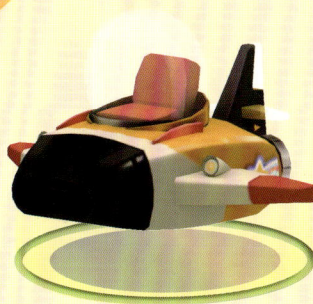

| 生命值 | 180 | 移动速度 | 500 | 跳跃高度 | 60 |

技能

超能光波　凌云

解锁途径

用家园植物果实开出的碎片合成。

角色

生物

方块

工具

作物

杂物

角色

生物

方块

工具

作物

杂物

裂空机甲

勇士战机的进阶形态,在解锁勇士战机后才可解锁获得。在它聚集能量时不要靠近,小心被它的射线击中。

| 生命值 | 200 | 移动速度 | 600 | 跳跃高度 | 70 |

技能

毁灭射线　破空　时空跳跃

解锁途径

用家园植物果实开出的碎片合成。

飞翼战机

集结兔星域尖端科技制造的战机坐骑,和勇士战机是相同型号。性能强大,操作简单,深受兔星域居民喜爱。

| 生命值 | 180 | 移动速度 | 500 | 跳跃高度 | 60 |

技能

神圣光波　凌云

解锁途径

用家园植物果实开出的碎片合成。

星河机甲

飞翼战机的进阶形态,在解锁飞翼战机后才可解锁获得。可以扭曲前方空间,进行短距离的时空跳跃。

| 生命值 | 200 | 移动速度 | 600 | 跳跃高度 | 70 |

技能

净化射线　破空　时空跳跃

解锁途径

用家园植物果实开出的碎片合成。

环海洛洛

来自海底深处的魔法生物,与尼东洛洛总是成对出现。尾巴像一抹祥云,这是它最亮眼的名片。

| 生命值 | 160 | 移动速度 | 500 | 跳跃高度 | 50 |

技能

魔法泡泡　潜泳

解锁途径

用家园植物果实开出的碎片合成。

环海洛洛—进阶

环海洛洛的进阶形态，在解锁环海洛洛后才可解锁获得。周围飘浮着无数的魔法泡泡，还能在空中飞行。

生命值 **220**　移动速度 **650**　跳跃高度 **60**

技能

魔法泡泡　潜泳　风之翼

解锁途径

用家园植物果实开出的碎片合成。

尼东洛洛

形似海马的魔法生物，与环海洛洛总是成对出现。蓝色的魔法水流始终围绕着它，所以它在陆地上也能移动。

生命值 **160**　移动速度 **500**　跳跃高度 **50**

技能

魔法水流　潜泳

解锁途径

用家园植物果实开出的碎片合成。

尼东洛洛—进阶

尼东洛洛的进阶形态，在解锁尼东洛洛后才可解锁获得。新增的能量盾能抵挡敌人的攻击。

生命值 **200**　移动速度 **650**　跳跃高度 **60**

技能

魔法水流　潜泳　神奇眼泪

解锁途径

用家园植物果实开出的碎片合成。

红芒赤蛟

炎狱魔龙？它才不是我的对手！

传说中的蛟龙，与炎狱魔龙是死对头。浑身散发着耀眼的红色光芒。

生命值 **160**　移动速度 **500**　跳跃高度 **80**

技能

红芒

解锁途径

用家园植物果实开出的碎片合成。

角色

生物

方块

工具

作物

杂物

九霄金龙

红芒赤蛟的进阶形态，在解锁红芒赤蛟后才可解锁获得。浑身散发着耀眼的神圣金光，会驱逐带着恶意接近的人。

生命值 180　移动速度 700　跳跃高度 90

技能

金光　飘浮

解锁途径

用家园植物果实开出的碎片合成。

虚空龙祖

九霄金龙的进阶形态，在解锁九霄金龙后才可解锁获得。是所有东方龙族的祖先，似乎与邪恶的虚空一族有着某种渊源。

生命值 280　移动速度 900　跳跃高度 100

技能

蓝辉　飞行　顽强

解锁途径

用家园植物果实开出的碎片合成。

玲珑音韵

在天下星十分常见的小船，船体轻巧，是百姓渡河出行的首选。

生命值 160　移动速度 500　跳跃高度 50

技能

落英

解锁途径

花费迷你币解锁。

蝶弄清影

玲珑音韵的进阶形态，在解锁玲珑音韵后才可解锁获得。选用天下星的稀有木材建造而成，能吸引蝴蝶围绕。

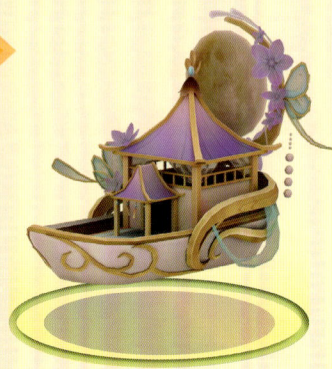

生命值 180　移动速度 600　跳跃高度 60

技能

蝶绕　踏水

解锁途径

用家园植物果实开出的碎片合成。

繁花夜明

蝶弄清影的进阶形态，在解锁蝶弄清影后才可解锁获得。由天下星名匠专为贵族打造的华丽大船。

| 生命值 | 200 | 移动速度 | 700 | 跳跃高度 | 70 |

技能

飞花　踏水　扬帆

解锁途径

用家园植物果实开出的碎片合成。

天方夜谭

神秘少年阿拉灯的专属坐骑，暗藏神秘的远古魔法，会根据主人的意志改变飞行方向。

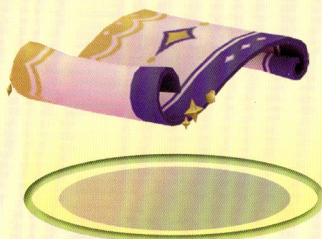

| 生命值 | 160 | 移动速度 | 500 | 跳跃高度 | 50 |

技能

初级召唤

解锁途径

花费迷你币解锁。

波斯飞毯

天方夜谭的进阶形态，在解锁天方夜谭后才可解锁获得。远古魔法被激活，移动速度更快。

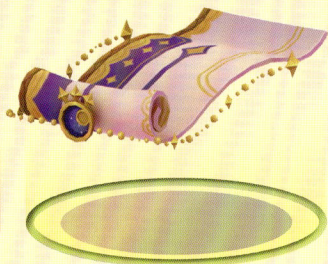

| 生命值 | 180 | 移动速度 | 600 | 跳跃高度 | 60 |

技能

中级召唤　双骑

解锁途径

用家园植物果实开出的碎片合成。

星月魔毯

波斯飞毯的进阶形态，在解锁波斯飞毯后才可解锁获得。远古魔法被进一步激活，获得了隐形能力。

| 生命值 | 200 | 移动速度 | 750 | 跳跃高度 | 70 |

技能

高级召唤　双骑　神隐

解锁途径

用家园植物果实开出的碎片合成。

角色

生物

方块

工具

作物

杂物

咕咕

虽然我叫咕咕，但我从来都不"咕咕"！

由技艺高超的木偶大师打造，只要上一圈发条，就能飞行一整天。

| 生命值 | 160 | 移动速度 | 500 | 跳跃高度 | 50 |

技能

化灵

解锁途径

购买商城礼包获得。

炼金雀

咕咕的进阶形态，在解锁咕咕后才可解锁获得。改进了设计方案，身形变得更加灵巧，是十分受欢迎的款式。

| 生命值 | 180 | 移动速度 | 600 | 跳跃高度 | 60 |

技能

化灵　狂风

解锁途径

用家园植物果实开出的碎片合成。

千机隼

炼金雀的进阶形态，在解锁炼金雀后才可解锁获得。锐利的眼神可以威慑敌人，既是坐骑又是保镖。

| 生命值 | 200 | 移动速度 | 800 | 跳跃高度 | 70 |

技能

紫电　狂风　扶摇

解锁途径

用家园植物果实开出的碎片合成。

最强音浪

迷你宇宙电音节专供设备。只要拥有它，小白也能成为电音达人，一起来享受电音狂欢吧。

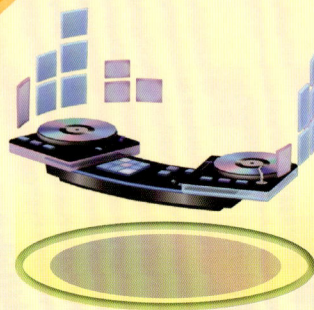

| 生命值 | 200 | 移动速度 | 600 | 跳跃高度 | 60 |

技能

音浪　节奏摇摆

解锁途径

通过坐骑抽卡机获得。

无限电音

最强音浪的进阶形态，在解锁最强音浪后才可解锁获得。电音巨星驾到，拥有四个喇叭，注意不要扰民哟。

生命值	220	移动速度	800	跳跃高度	70

技能

电音　　巨星驾到

解锁途径

用家园植物果实开出的碎片合成。

云中花架

你想享受飞一般的感觉吗？那就选云中花架吧，让浮云载着你乘风飞翔。

生命值	200	移动速度	600	跳跃高度	60

技能

花飞　　浮云

解锁途径

通过坐骑抽卡机获得。

云梦花舞

云中花架的进阶形态，在解锁云中花架后才可解锁获得。增加了水面行走的能力，是真正的水陆空全能坐骑。

生命值	220	移动速度	800	跳跃高度	70

技能

花飞　　浮云　　玲珑

解锁途径

用家园植物果实开出的碎片合成。

水云游

被施加了法力的扇子，是仙人出行的常用坐骑。快来伴随飞舞的花瓣腾云驾雾吧。

生命值	220	移动速度	700	跳跃高度	60

技能

清风　　摇曳

解锁途径

通过运营活动获得。

角色

生物
方块
工具
作物
杂物

角色

生物
方块
工具
作物
杂物

醉花荫

水云游的进阶形态，在解锁水云游后才可解锁获得。配备了奢华的座椅和一只萌宠玉兔，让你的出行更加舒适。

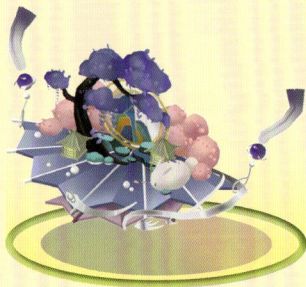

| 生命值 | 260 | 移动速度 | 900 | 跳跃高度 | 70 |

技能

舞扇　　摇曳　　迷醉幻象

解锁途径

用家园植物果实开出的碎片合成。

超音帝皇驹

过去某位克里亚星的英雄对抗虚空时的坐骑，其中运用的古代科技到现在也没有被完全破解。

| 生命值 | 220 | 移动速度 | 800 | 跳跃高度 | 60 |

技能

蓝焰

解锁途径

花费迷你币获得。

陆行帝皇驹

超音帝皇驹的进阶形态，在解锁超音帝皇驹后才可解锁获得。第一阶段变形，能适应任何恶劣的地面环境，擅长追击。

| 生命值 | 240 | 移动速度 | 900 | 跳跃高度 | 70 |

技能

蓝焰　　帝皇炮

解锁途径

用家园植物果实开出的碎片合成。

帝皇战龙

陆行帝皇驹的进阶形态，在解锁陆行帝皇驹后才可解锁获得。第二阶段变形，以战龙形态出战，必杀技是威力无穷的帝皇炮。

| 生命值 | 260 | 移动速度 | 1000 | 跳跃高度 | 80 |

技能

龙焰　　帝皇炮　　战龙翱翔

解锁途径

用家园植物果实开出的碎片合成。

旺财

据说旺财后来被某位开包子铺的大小姐领养，成了忠诚的看门狗。

| 生命值 | 200 | 移动速度 | 600 | 跳跃高度 | 60 |

技能

福从天降

解锁途径

通过福利抽奖获得

星语心愿

粉色星星和蓝色星星争相闪耀，仿佛童话中的飞机一般。长距离飞行时，会发出幽幽的蓝粉色光芒。

| 生命值 | 160 | 移动速度 | 600 | 跳跃高度 | 60 |

技能

流星

解锁途径

花费迷你币获得。

华灯初上

星语心愿的进阶形态，在解锁星语心愿后才可解锁获得。绚丽的尾巴在风中摇曳，远远看去仿佛一只耀眼的凤凰。

| 生命值 | 180 | 移动速度 | 700 | 跳跃高度 | 70 |

技能

月华　飞羽

解锁途径

用家园植物果实开出的碎片合成。

春风燕语

华灯初上的进阶形态，在解锁华灯初上后才可解锁获得。它就像一只高贵的神鸟，尾部的花环装饰更为其增添了几分神秘感。

| 生命值 | 200 | 移动速度 | 800 | 跳跃高度 | 80 |

技能

祈愿　飞羽　天佑

解锁途径

用家园植物果实开出的碎片合成。

角色

生物

方块

工具

作物

杂物

梦逍遥

飘落的竹叶和浮动的流云已经彰显了梦逍遥的格调，乘坐此坐骑的想必是位逍遥人间的侠客。

| 生命值 | 180 | 移动速度 | 600 | 跳跃高度 | 60 |

技能

风动　自在逍遥

解锁途径

通过坐骑抽卡机获得。

绘江山

梦逍遥的进阶形态，在解锁梦逍遥后才可解锁获得。开放的荷花，缥缈的山峰，悠悠的流水，千里江山尽在画中。

| 生命值 | 200 | 移动速度 | 700 | 跳跃高度 | 70 |

技能

绘影　自在逍遥　千里江山

解锁途径

用家园植物果实开出的碎片合成。

逐影之钥

据说迷你宇宙某处隐藏着一件可以对抗虚空军团的圣物。逐影之钥就是开启那件圣物的钥匙。

| 生命值 | 160 | 移动速度 | 600 | 跳跃高度 | 60 |

技能

星影

解锁途径

花费迷你币获得。

梦璃之钥

逐影之钥的进阶形态，在解锁逐影之钥后才可解锁获得。可以打开任何锁，是一把真正的万能钥匙。

| 生命值 | 180 | 移动速度 | 700 | 跳跃高度 | 70 |

技能

星影　双骑

解锁途径

用家园植物果实开出的碎片合成。

羽辉之钥

梦璃之钥的进阶形态，在解锁梦璃之钥后才可解锁获得。蕴藏的力量被激发，可以施展预知未来的占卜术。

| 生命值 | 200 | 移动速度 | 800 | 跳跃高度 | 80 |

技能

圣辉　　双骑　　卜梦

解锁途径

用家园植物果实开出的碎片合成。

赤霄长剑

赤霄长剑是大同星轻侯山的镇山之宝。驾驭此长剑，便可畅游大同星的万里苍穹。

| 生命值 | 160 | 移动速度 | 600 | 跳跃高度 | 60 |

技能

帝道　　御剑飞行

解锁途径

花费迷你币获得。

轩辕圣剑

赤霄长剑的进阶形态，在解锁赤霄长剑后才可解锁获得。此剑是上古名匠用宇宙坠落的玄铁铸成的，威力无穷。

| 生命值 | 180 | 移动速度 | 700 | 跳跃高度 | 70 |

技能

圣道　　御剑飞行　　御剑双飞

解锁途径

用家园植物果实开出的碎片合成。

休闲时光

谁能想到漂浮着小鸭子的浴缸也能成为坐骑呢？一边泡澡一边穿行在迷你世界里，想必是一种独特的享受。

| 生命值 | 160 | 移动速度 | 600 | 跳跃高度 | 60 |

技能

泡泡浴

解锁途径

花费迷你币获得。

角色

生物

方块

工具

作物

杂物

角色

生物
方块
工具
作物
杂物

童趣时光

休闲时光的进阶形态，在解锁休闲时光后才可解锁获得。能够坐浴缸穿越大海，这对坐骑爱好者们来说可是十分具有吸引力的。

生命值 180　移动速度 700　跳跃高度 70

技能

泡泡浴　梦游

解锁途径

用家园植物果实开出的碎片合成。

梦幻时光

童趣时光的进阶形态，在解锁童趣时光后才可解锁获得。飘浮在浴缸周围的小鸭子和气泡充满童趣，大人、小孩都喜欢。

生命值 200　移动速度 800　跳跃高度 80

技能

音符泡泡浴　梦游　飘浮泡泡

解锁途径

用家园植物果实开出的碎片合成。

萌小狸

萌小狸有三条尾巴，娇小的身形让它看起来仿佛一只可爱的小猫。

生命值 160　移动速度 600　跳跃高度 70

技能

卖萌

解锁途径

花费迷你币获得。

狐灵俐

萌小狸的进阶形态，在解锁萌小狸后才可解锁获得。尾巴数量达到了五条，初露锋芒，傲娇地不把敌人放在眼里。

生命值 180　移动速度 700　跳跃高度 80

技能

卖萌　轻灵

解锁途径

用家园植物果实开出的碎片合成。

赤颜幻姬

狐灵俐的进阶形态，在解锁狐灵俐后才可解锁获得。九尾全开，足踏火焰，尤其要小心它那让人陷入幻境的幻术。

生命值	200	移动速度	800	跳跃高度	90

技能

浮梦　　轻灵　　千幻

解锁途径

用家园植物果实开出的碎片合成。

喵萌敞篷车

喵萌敞篷车就像一只飞快奔跑的猫咪，在宽敞的街道上行驶，绝对引人注目。

生命值	200	移动速度	600	跳跃高度	60

技能

兜风

解锁途径

购买商城礼包获得。

坐骑技能

生物
方块
工具
作物
杂物

坐骑宝宝 拥有这个技能的坐骑在地图中玩耍一段时间后，会产出1个坐骑宝宝，你可以将宝宝送给房间中的其他小伙伴。

炎走 可以在岩浆表面行走。

疾冲 在空中按下跳跃键，会向前方疾速冲刺。

冲刺 蓄力期间移动速度增加30%。

踏水 可以在水面上快速行走，但不可以在水面上跳跃。

超跳 拥有超强的跳跃能力。

滑翔 可以在空中乘风滑翔。

双骑 可以乘载2名乘客，带上你的小伙伴吧。

顽强 拥有较高的生命值。

潜泳 可以潜入水中游动。

激流 在水中按下跳跃键，会向前方疾速突进。

飞扑 长按跳跃键蓄满力，跳跃落地时可以使前方生物减速。

威慑 长按跳跃键蓄满力，跳跃落地时可以短距离击退前方生物。

飘浮 可以飘浮在空中进行短距离飞行，下落过程中不会掉血。

飞行 可以在空中飞行一段距离，下落过程中不会掉血。

双骑 可以乘载2名乘客，带上你的小伙伴吧。

能量盾 可以形成一面能量盾，保护你和你的同伴。

炎狱火 点击攻击键可喷出火焰，使前方生物进入灼烧状态。

振翅 长按跳跃键可以在空中进行短距离飞行，下落过程中不会掉血。

幽冥火 点击攻击键可喷出火焰，使前方生物进入灼烧状态。

展翼	长按跳跃键可以在空中进行较长距离飞行，下落过程中不会掉血。	**叶舞**	使用后身边会飘散叶片。
星光	向上发射星星进行照明，技能冷却时间为15秒。	**日轮**	使用后能获得一个可以抵消20点伤害的护盾。
月生	长按跳跃键可以在空中进行短距离飞行，下落过程中不会掉血。	**神光**	使用后可以使玩家的攻击力提升5%。
嘟嘟车冲啊	可以发出车喇叭的声音，同时车前灯闪烁。	**悬空**	使用坐骑时，角色会悬空，同时自动播放螺旋桨旋转音效。
五谷丰登	可以向四周投掷元宝、铜币。	**贴地飞行**	可低空飞行一段距离，下落过程中按住跳跃键不会掉血。
四人同行	可以乘坐4名乘客，带上你的小伙伴吧。	**祥瑞**	周围有金色光点和小元宝。
鲸之浮岛	可以潜入水中游动。	**虎跃**	向前飞扑，对击中的怪物造成伤害。
星河穿梭	可以在空中飞行一段距离，下落过程中不会掉血。	**瑞兽**	周围有升腾的云雾，且有光芒和金币飘落。
花飞	周围有花瓣飞舞。	**虎啸山林**	长按跳跃键可以发出怒吼，对一定范围内的怪物造成伤害。
惊鸿	可以在空中飞行一段距离，下落过程中不会掉血。	**浮光掠羽**	使用后可召唤出3只小天鹅的虚影，它们会在坐骑周围游动。

角色

生物

方块

工具

作物

杂物

角色

生物

方块

工具

作物

杂物

天鹅湖 可以潜入水中游动。	**魔法泡泡** 使用后周围会出现很多泡泡。
曦光飞行 可以在空中飞行一段距离，下落过程中不会掉血。	**风之翼** 可以在空中飞行一段距离，下落过程中不会掉血。
旋风 使用后车尾会产生一个小型龙卷风。	**魔法水流** 使用后周围会出现蓝色水流。
超能光波 战机在移动时，会自动发射炫酷的光波。	**神奇眼泪** 可以形成一面能量盾。
凌云 可以飘浮在空中进行短距离移动，下落过程中不会掉血。	**红芒** 使用后会出现持续环绕的红色光芒。
毁灭射线 战机在移动时，会自动发射炫酷的金色光波。	**金光** 使用后会出现持续环绕的金色光芒。
破空 可以在空中飞行一段距离，下落过程中不会掉血。	**蓝辉** 使用后会出现持续环绕的蓝色光芒。
时空跳跃 使用后会出现在所指方向的15格距离之处。	**落英** 周围有小花飘落。
神圣光波 战机在移动时，会自动发射炫酷的光波。	**蝶绕** 周围会出现蝴蝶和花朵。
净化射线 战机在移动时，会自动发射炫酷的银紫色光波。	**花飞** 周围有花瓣飞舞。

扬帆	点击跳跃键可以加速20%，持续10秒。	音浪	周身带有镭射光效。
初级召唤	点击跳跃键会出现1个跟随的小灯神。	节奏摇摆	长按跳跃键，可以给自己和一定范围内的队友增加生命值。
双骑	可以乘载2名乘客，带上你的小伙伴吧。	电音	周身带有炫彩闪电。
中级召唤	点击跳跃键会出现1个跟随的星灵灯神。	巨星驾到	长按跳跃键，可以增加一定范围内队友的生命值，并且减少此范围内怪物的生命值。
高级召唤	点击跳跃键会出现1个跟随的明珠灯神。	飞花	周围有粉色花瓣和花朵飘落。
神隐	点击跳跃键后，在半空中再点击一次跳跃键，可以进入隐身状态。	浮云	长按跳跃键，可以在空中飞行一段距离。
化灵	周围会出现金色小齿轮。	玲珑	可以在水面上行走。
狂风	长按跳跃键蓄力，可以召唤龙卷风吹走前方的生物。	清风	周围有花瓣飞舞。
紫电	周围会出现紫色闪电。	摇曳	长按跳跃键，可以在空中飞行一段距离。
扶摇	点击跳跃键后，在半空中再点击一次跳跃键，可以盘旋飞上天空。	舞扇	周围有花瓣飞舞。

角色
生物
方块
工具
作物
杂物

角色

生物
方块
工具
作物
杂物

迷醉幻象 点击使用键可以发动幻象法阵，法阵中的怪物会陷入昏迷。

蓝焰 后方可喷射出蓝色火焰。

帝皇炮 朝目标发射异能量炮，可对击中的怪物造成伤害。

龙焰 周身环绕着橙红火焰。

战龙翱翔 点击跳跃键后，在半空中再点击一次跳跃键可以飞行升空，在空中自由翱翔。

福从天降 点击使用键后，空中会掉下肉骨头。

流星 周围飘散着粉色星星和蓝色星星。

月华 周围飘散着白色花朵和黄色荧光。

飞羽 长按跳跃键可以在空中飞行一段距离。

祈愿 周围飘散着爱心和蓝色荧光。

天佑 受到致命伤害时会获得庇佑并增加生命值。

风动 周围会飘落竹叶和流云。

自在逍遥 受到伤害时会增加移动速度。

绘影 周围会浮现江山虚影。

千里江山 点击使用键可以召唤群山，对前方的怪物造成伤害。

星影 周身环绕着闪烁的粒子。

圣辉 周身环绕着变幻的光芒。

卜梦 长按跳跃键可以施展魔法，随机获得一个增益效果。

帝道 剑穗会形成灿烂火焰。

御剑飞行 长按跳跃键，可以在空中飞行一段距离。

32

圣道　　周身带有流光火焰。

卖萌　　周围飘散着许多爱心。

御剑双飞　　可以与小伙伴一起乘坐，双人御剑还可以增加移动速度。

轻灵　　点击跳跃键后，在空中再点击一次跳跃键可以二段跳。

泡泡浴　　周围飘浮着泡泡。

浮梦　　周围会撒落赤色彼岸花。

梦游　　可以漂浮在水面上。

千幻　　长按跳跃键，可以让附近的怪物陷入幻境中互相攻击。

音符泡泡浴　　周围有泡泡和音符飞舞。

飘浮泡泡　　长按跳跃键，可以将身边的怪物包裹进泡泡里并飘浮在空中。

兜风　　周围飘散着猫咪脚印。

动物

嘟嘟鸟

捕获难度：★

| 生命值 | 30 | 攻击力 | 1 | 防御力 | 0 |

掉落物

生嘟嘟鸟肉

细羽毛

在迷拉星的草原、森林、盆地、空岛等多地出没，几乎随处可见。未进食的嘟嘟鸟每隔一段时间会在嘟嘟鸟窝中产下1枚嘟嘟鸟蛋。嘟嘟鸟蛋是制作小彩蛋的主要材料，直接投掷出去有可能生出1只小嘟嘟鸟。

驯服

不可驯服。

繁殖

1只成年嘟嘟鸟在附近有窝，并食用1次草饲料的情况下可进行繁殖。幼年嘟嘟鸟食用2次草饲料能够成长。另外，使用水稻也可以吸引嘟嘟鸟并使其繁殖。

牛

| 生命值 | 60 | 攻击力 | 1 | 防御力 | 2 |

掉落物

生牛排

软皮革

在迷拉星的草原、森林、山丘、空岛等地出没。有时会跟同类互撞争抢地盘，对撞后会掉落牛角。软皮革是前往烈焰星挑战混乱黑龙所需的重要材料，平时要注意收集哟。

捕获难度：★

驯服

喂食樱桃能够驯服它，让它成为坐骑。对驯服后的牛使用耙类工具，可使其成为耕牛。

繁殖

2头成年牛在附近有草垛，并食用1次草饲料的情况下可进行繁殖。幼年牛食用1次草饲料能够成长。另外，使用一把杂草也可以吸引牛并使其繁殖。

墩墩

捕获难度：★

| 生命值 | 60 | 攻击力 | 1 | 防御力 | 2 |

掉落物

生墩墩肉

在迷拉星的草原、森林、盆地、沼泽等地出没。食用玉米的种子后有可能产出动物肥料。动物肥料可以促进植物的生长，是发展农业必不可少的材料之一。

驯服

不可驯服。

繁殖

2头成年墩墩在附近有草垛，并食用2次草饲料或肉饲料的情况下可进行繁殖。幼年墩墩食用2次草饲料或肉饲料能够成长。另外，使用青瓜大餐也可以吸引墩墩并使其繁殖。

| 生命值 | 60 | 攻击力 | 1 | 防御力 | 0 |

掉落物

生羊腿

在迷拉星的草原、森林、盆地、峭壁等地出没。喂食独葵可使其进入产奶期，对其使用小玻璃瓶可以获得瓶装鲜奶。瓶装鲜奶可以消除战斗中某些怪物攻击的附加状态。

驯服

不可驯服。

繁殖

2只成年羊在附近有草垛，并食用2次草饲料的情况下可进行繁殖。幼年羊食用1次草饲料能够成长。另外，使用一把杂草也可以吸引羊并使其繁殖。

羊

我天生就长着两条麻花辫！

捕获难度：★

角色

生物

方块

工具

作物

杂物

狐狸

捕获难度：★★★

生命值 80　　**攻击力** 10　　**防御力** 0

掉落物

软皮革

在迷拉星的森林、空岛、盆地成群出没。使用肉饲料可以吸引狐狸跟随。此外，驯服后的狐狸会变成灵狐，跟主人一起战斗。

驯服

使用嘟嘟鸟蛋有一定概率驯服它，让它成为同伴。

繁殖

2只成年狐狸在附近有草垛，并食用2次肉饲料的情况下可进行繁殖。幼年狐狸食用2次肉饲料能够成长。

豹子

捕获难度：★★★★

生命值 80　　**攻击力** 25　　**防御力** 0

掉落物

豹皮

在迷拉星的雨林出没。攻击力很高，不要轻敌。击败豹子后，其掉落的豹皮可以用来制作睡袋，能快速恢复体力值。

驯服

不可驯服。

繁殖

不可繁殖。

企鹅

捕获难度：★★

生命值 50　　**攻击力** 1　　**防御力** 0

掉落物

三文鱼

在迷拉星的冰山、冰原出没。未进食的企鹅每隔一段时间会产下1枚企鹅蛋。由于企鹅会捕捉三文鱼作为储备食物，所以击败企鹅后会掉落三文鱼。

驯服

不可驯服。

繁殖

2只成年企鹅在附近有窝，并食用1次肉饲料的情况下可进行繁殖。幼年企鹅食用1次肉饲料能够成长。另外，使用红杉果也可以吸引企鹅并使其繁殖。

飞鸡

捕获难度：★ ★ ★

生命值 150 　**攻击力** 25 　**防御力** 0

掉落物

细羽毛

符文石

在迷拉星的空岛出没。传说迷拉星的鸡飞上空岛后，后代受到空岛特殊气候的影响逐渐变异成飞鸡。飞鸡的肉非常难吃，所以击败它不会掉落肉食。

驯服

使用桃子能够驯服它，让它成为坐骑。

繁殖

1只成年飞鸡在附近有窝，并食用1次草饲料的情况下可进行繁殖。幼年飞鸡食用1次草饲料能够成长。多段跳的技能使它可以探索更高的地方。

战斗鸡

捕获难度：★ ★ ★ ★

生命值 150 　**攻击力** 40 　**防御力** 0

掉落物

细羽毛

符文石

会主动攻击其他生物。需在创造模式中解锁。由于攻击性太强，击败过不少玩家，所以现在已经不会出现在生存模式里。

驯服

不可驯服。

繁殖

1只成年战斗鸡在附近有窝，并食用1次肉饲料的情况下可进行繁殖。幼年战斗鸡食用1次肉饲料能够成长。

角色

生物

方块

工具

作物

杂物

尖叫鸡

捕获难度：★

| 生命值 | 300 | 攻击力 | 5 | 防御力 | 0 |

掉落物

鸡嘴　　细羽毛　　符文石

在萌眼星的平原、空岛出没。传说迷拉星的鸡在星际旅行时，不小心滞留在萌眼星，最终变异成尖叫鸡。对任何事物都不感兴趣，被攻击的时候会发出奇怪的尖叫。

驯服

不可驯服。

繁殖

不可繁殖。

雀莺

| 生命值 | 40 | 攻击力 | 10 | 防御力 | 0 |

掉落物

雀莺羽毛

在迷拉星的空岛成群出没。非常胆小，一有风吹草动就会四散奔逃。驯服后掉落的雀莺羽毛是制作氧气面罩的主要材料。

驯服

使用核桃有一定概率驯服它，让它成为同伴。

繁殖

不可繁殖。

捕获难度：★★

焱焱蟹

捕获难度：★★

| 生命值 | 100 | 攻击力 | 30 | 防御力 | 0 |

掉落物

焱焱蟹壳

在迷拉星的火山、烈焰星出没。可以在岩浆上行走，是探索火山和烈焰星的得力助手。击败它后其掉落的焱焱蟹壳是制作防火背包的主要材料。

驯服

使用烤鱼有一定概率驯服它，让它成为坐骑。

繁殖

不可繁殖。

生命值 > 100   攻击力 > 1   防御力 > 0

掉落物

鸵鸟

细羽毛

生鸵鸟腿

在迷拉星的沙漠出没。高大威武，善于奔跑。驯服后跑得更快，**蓄力**可跳得更高。未进食的鸵鸟每隔一段时间会在鸵鸟窝中产下1枚鸵鸟蛋。

驯服

使用**刺瓜片**有一定概率驯服它，让它成为**坐骑**。

繁殖

2只成年鸵鸟在附近有**窝**，并食用2次**草饲料**或**肉饲料**的情况下可进行繁殖。幼年鸵鸟食用2次**草饲料**或**肉饲料**能够成长。另外，喂食**刺瓜汁**也能让鸵鸟进入繁殖状态。

捕获难度：★★

冰熊

生命值 > 300   攻击力 > 50   防御力 > 0

掉落物

软皮革

在迷拉星的冰原、冰山出没。厚实的皮毛使它不惧冰雪，和企鹅是一对好邻居。

驯服

使用**三文鱼**有一定概率驯服它，让它成为**坐骑**。

繁殖

2头成年冰熊在附近有**草垛**，并食用2次**肉饲料**的情况下可进行繁殖。幼年冰熊食用1次**肉饲料**能够成长。另外，喂食**火腿**也能让冰熊进入繁殖状态。

捕获难度：★★★

角色

生物

方块

工具

作物

杂物

生物

速龙

捕获难度：★★★

| 生命值 | 200 | 攻击力 | 75 | 防御力 | 0 |

掉落物

软皮革

在迷拉星的丛林出没。攻击力很强，并且会**主动出击**，千万要小心。

驯服

在它生命值低于一半时，使用烤嘟嘟鸟全家桶有一定概率驯服它，让它成为坐骑。

繁殖

2只成年速龙在附近有窝，并食用2次肉饲料的情况下可进行繁殖。幼年速龙食用2次肉饲料能够成长。另外，喂食香溢烤嘟嘟鸟也能让速龙进入繁殖状态。

| 生命值 | 100 | 攻击力 | 5 | 防御力 | 0 |

掉落物

泡泡糖

泡泡球

在迷拉星的峭壁、红土出没。外形呆萌可爱，食用泡泡糖或被泡泡球击中后，会被泡泡球包裹在里面。团子的跳跃力很强，骑乘团子进行高跳的时候，要注意跌落伤害。

团子

捕获难度：★★★

驯服

使用泡泡糖有一定概率驯服它，让它成为坐骑。

繁殖

不可繁殖。

熊猫

我这么可爱，求放过……

捕获难度：★★

生命值 200 **攻击力** 1 **防御力** 0

在迷拉星的竹林盆地出没。击败熊猫没有任何掉落物。喂食**竹子**后获取的**空心竹竿**是制作**吹箭筒**和蜂刺飞镖的主要材料。

驯服

使用**竹子**驯服。

繁殖

不可繁殖。

生命值 80 **攻击力** 10 **防御力** 0

在迷拉星的雨林出没。使用**星光香蕉**可以与手持道具的猴子交换物品。不要攻击它，即使击败它也不会获得它手上的道具。驯服后的猴子会背上蓝色书包，可以额外放置道具，充当"移动背包"。

驯服

使用**香蕉**或**星光香蕉**有一定概率驯服它，让它成为**同伴**。

繁殖

2只成年猴子在附近有**草垛**，并食用1次**草饲料**或**肉饲料**的情况下可进行繁殖。幼年猴子食用1次**草饲料**或**肉饲料**能够成长。另外，喂食**桃子**也能让猴子进入繁殖状态。

猴子

捕获难度：★★

蜜蜂

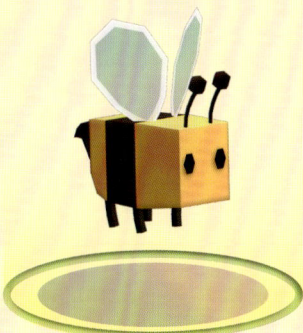

捕获难度：★★

生命值 15 **攻击力** 10 **防御力** 0

掉落物

蜂刺

在迷拉星的桃花盆地出没。使用**风铃花**可以吸引蜜蜂跟随。蜜蜂会攻击破坏蜂巢的家伙，玩家被攻击后头部会肿大，并会持续减少生命值。

驯服

不可驯服。

繁殖

不可繁殖。

角色

生物

方块

工具

作物

杂物

角色

生物

方块

工具

作物

杂物

萤火虫

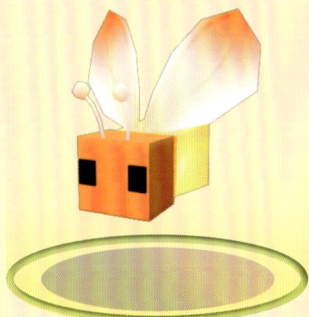

| 生命值 | 5 | 攻击力 | 1 | 防御力 | 0 |

在迷拉星的竹林盆地、桃花盆地、雨林出没。使用瓶装蜂蜜可以吸引萤火虫跟随。用小玻璃瓶捕捉萤火虫，可在夜晚用来照亮周围区域。

驯服

不可驯服。

繁殖

不可繁殖。

捕获难度：★★

灯笼鱼

| 生命值 | 100 | 攻击力 | 40 | 近战防御 | 2 |

远程防御 2

掉落物

荧光晶体

在迷拉星的海洋中出没。近战主动攻击，视力较差，可用捕鱼网捕捉。掉落的荧光晶体是制作各种灯具的主要材料。

驯服

不可驯服。

繁殖

不可繁殖。

捕获难度：★★

深海鱼

| 生命值 | 100 | 攻击力 | 25 | 近战防御 | 5 |

远程防御 10

掉落物

深海鱼鳃

在迷拉星的海洋中出没。近战被动攻击，可用捕鱼网捕捉。掉落的深海鱼鳃是制作深海呼吸药剂的主要材料，深海呼吸药剂在海底冒险时必不可缺。

驯服

不可驯服。

繁殖

不可繁殖。

捕获难度：★★

白色呆呆鱼

捕获难度：★

| 生命值 | 20 | 攻击力 | 1 | 防御力 | 0 |

掉落物

鲜鱼

白颜料瓶

广泛存在于迷拉星的各种水体中。会自动跟随玩家，可用捕鱼网捕捉。掉落的颜料瓶可以给棉花块、玻璃块等材料染色。呆呆鱼目前已被发现有8种不同的颜色，或许以后会有更多颜色的呆呆鱼被发现。

| 生命值 | 20 | 攻击力 | 1 | 防御力 | 0 |

掉落物

鲜鱼

橙颜料瓶

广泛存在于迷拉星的各种水体中。可用捕鱼网捕捉。掉落的颜料瓶可以给棉花块、玻璃块等材料染色。呆呆鱼目前已被发现有8种不同的颜色，或许以后会有更多颜色的呆呆鱼被发现。

橙色呆呆鱼

捕获难度：★

洋红呆呆鱼

捕获难度：★

| 生命值 | 20 | 攻击力 | 1 | 防御力 | 0 |

掉落物

鲜鱼

紫红颜料瓶

广泛存在于迷拉星的各种水体中。可用捕鱼网捕捉。掉落的颜料瓶可以给棉花块、玻璃块等材料染色。呆呆鱼目前已被发现有8种不同的颜色，或许以后会有更多颜色的呆呆鱼被发现。

角色
生物
方块
工具
作物
杂物

淡蓝呆呆鱼

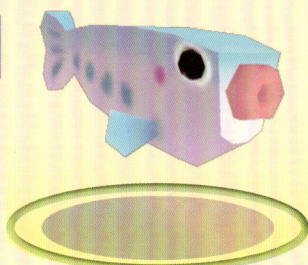

捕获难度：★

| 生命值 | 20 | 攻击力 | 1 | 防御力 | 0 |

掉落物

鲜鱼

淡蓝颜料瓶

广泛存在于迷拉星的各种水体中。可用捕鱼网捕捉。掉落的颜料瓶可以给棉花块、玻璃块等材料染色。呆呆鱼目前已被发现有8种不同的颜色，或许以后会有更多颜色的呆呆鱼被发现。

| 生命值 | 20 | 攻击力 | 1 | 防御力 | 0 |

掉落物

鲜鱼

黄颜料瓶

广泛存在于迷拉星的各种水体中。可用捕鱼网捕捉。掉落的颜料瓶可以给棉花块、玻璃块等材料染色。呆呆鱼目前已被发现有8种不同的颜色，或许以后会有更多颜色的呆呆鱼被发现。

黄呆呆鱼

捕获难度：★

黄绿呆呆鱼

捕获难度：★

| 生命值 | 20 | 攻击力 | 1 | 防御力 | 0 |

掉落物

鲜鱼

淡绿颜料瓶

广泛存在于迷拉星的各种水体中。可用捕鱼网捕捉。掉落的颜料瓶可以给棉花块、玻璃块等材料染色。呆呆鱼目前已被发现有8种不同的颜色，或许以后会有更多颜色的呆呆鱼被发现。

粉色呆呆鱼

捕获难度：★

生命值 20　　**攻击力** 1　　**防御力** 0

掉落物

鲜鱼

粉红颜料瓶

广泛存在于迷拉星的各种水体中。可用捕鱼网捕捉。掉落的颜料瓶可以给棉花块、玻璃块等材料染色。呆呆鱼目前已被发现有8种不同的颜色，或许以后会有更多颜色的呆呆鱼被发现。

生命值 20　　**攻击力** 1　　**防御力** 0

掉落物

鲜鱼

灰颜料瓶

广泛存在于迷拉星的各种水体中。可用捕鱼网捕捉。掉落的颜料瓶可以给棉花块、玻璃块等材料染色。呆呆鱼目前已被发现有8种不同的颜色，或许以后会有更多颜色的呆呆鱼被发现。

灰色呆呆鱼

捕获难度：★

红薇蝶

捕获难度：★

生命值 10　　**攻击力** 10　　**防御力** 0

出现在迷拉星的空岛上，会被花冠吸引。能将杂草和野生玉米变成橙色龙舌兰和野蔷薇，这两种植物是制作各种高级食物不可或缺的材料。

驯服

不可驯服。

繁殖

不可繁殖。

角色

生物

方块

工具

作物

杂物

兰青蝶

捕获难度：★

生命值	10	攻击力	10	防御力	0

出现在迷拉星的空岛上，会被花冠吸引。能将杂草和野生玉米变成灰色龙舌兰和星辰花，这两种植物是制作各种高级食物不可或缺的材料。

驯服

不可驯服。

繁殖

不可繁殖。

香粉蝶

生命值	10	攻击力	10	防御力	0

出现在迷拉星的空岛上，会被花冠吸引。能将杂草和野生玉米变成粉色龙舌兰和若兰，这两种植物是制作各种高级食物不可或缺的材料。

驯服

不可驯服。

繁殖

不可繁殖。

捕获难度：★

白香蝶

捕获难度：★

生命值	10	攻击力	10	防御力	0

出现在迷拉星的空岛上，会被花冠吸引。能将杂草和野生玉米变成白椰花和丁香花，这两种植物是制作各种高级食物不可或缺的材料。

驯服

不可驯服。

繁殖

不可繁殖。

龙信蝶

生命值	10	攻击力	10	防御力	0

出现在迷拉星的空岛上，会被花冠吸引。能将杂草和野生玉米变成龙血花和风信子，这两种植物是制作各种高级食物不可或缺的材料。

驯服

不可驯服。

繁殖

不可繁殖。

捕获难度：★

| 生命值 | 10 | 攻击力 | 10 | 防御力 | 0 |

出现在迷拉星的空岛上，会被花冠吸引。能将杂草和野生玉米变成红色龙舌兰和黄钟花，这两种植物是制作各种高级食物不可或缺的材料。

驯服

不可驯服。

繁殖

不可繁殖。

捕获难度：★

沙漠狼

| 生命值 | 100 | 攻击力 | 20 | 防御力 | 0 |

掉落物

软皮革

在迷拉星的沙漠出没。长着一身能够抵御沙尘暴的厚皮毛，是沙漠中可怕的猎食者。会主动攻击玩家。

驯服

不可驯服。

繁殖

不可繁殖。

捕获难度：★★★

| 生命值 | 350 | 攻击力 | 20 | 防御力 | 0 |

掉落物

软皮革

在迷拉星的沙漠出没。受到攻击会吐口水和踢腿反击。可以在绿洲直接向商队购买驯服后的骆驼。驯服后的骆驼身体左右两侧可以各放置一个储物箱，帮助玩家储存道具。

驯服

使用仙人掌果实有一定概率驯服它，让它成为坐骑。

繁殖

不可繁殖。

骆驼

捕获难度：★★

角色

生物

方块

工具

作物

杂物

角色

生物

方块

工具

作物

杂物

野人

生命值 **80**

近战攻击 **10**　　远程攻击 **0**

近战防御 **2**　　远程防御 **3**

掉落物

奇怪的肘子

野人原本是迷拉星的居民，被虚空诅咒后失去了本性。他们戴着可怖的面具，白天会陷入沉睡，一到夜晚就会举起木棒攻击冒险家。解除诅咒后，他就会成为你的伙伴。

野人猎手

生命值 **60**

近战攻击 **0**　　远程攻击 **15**

近战防御 **0**　　远程防御 **1**

掉落物

石子

丝线

擅长投掷长矛的野人猎手，被虚空诅咒后忘记了过往，却保留了战斗的本能。他们会在白天陷入沉睡，一到夜晚就会攻击和偷袭冒险家。解除诅咒后，他也可以成为你的伙伴。

野萌宝

生命值 75

近战攻击 15　**远程攻击** 0
近战防御 1　**远程防御** 1

掉落物

紫苏

番薯

虽然同样身负虚空的诅咒，但野萌宝在白天行动自如。据迷你史学家分析，可能虚空的诅咒在小朋友身上威力会减弱；也有人认为野萌宝并不是迷拉星居民，而是外星人。解除诅咒后，他也会成为你的伙伴。

野人祭司

生命值 100

近战攻击 0　**远程攻击** 10/15
近战防御 4　**远程防御** 2

掉落物

巫骨

晶核

野人祭司隐匿在迷拉星的雨林中，手中的权杖曾是他与神明沟通的法器，而现在他已经忘记了曾经肩负的使命……虚空的诅咒使他拥有了强大的力量，他可以自由飞行，还拥有分身的技能，要格外小心。如何解除野人祭司的诅咒至今还是未解的难题。

蝙蝠

生命值 70

近战攻击 20　**远程攻击** 0
近战防御 0　**远程防御** 0

掉落物

蝙蝠牙

虚空的诅咒原本不会对动物产生影响，但是长年生活在迷拉星洞穴中的蝙蝠是个例外。它们对虚空之力天生就有特别的感应，融合虚空之力后移动迅速，成了黑暗中的偷袭高手。

角色

生物

方块

工具

作物

杂物

爆爆蛋

生命值 90
爆炸攻击 4
近战防御 0
远程防御 0

掉落物

青瓜　黑炭　灰砂

爆爆蛋在迷拉星的火山、烈焰星出没。它们移动缓慢，一旦有冒险家靠近就会发生剧烈的爆炸。它们自诩为艺术家，喜欢收集火山石并将其黏附在自己的蛋壳上。"嘭——"你知道爆爆蛋在爆炸之后去了哪里吗？其实爆炸破坏的只是爆爆蛋的外壳，它们真正的身体是不怕爆炸的。

符文怪

生命值 15
近战攻击 15
远程攻击 0
近战防御 0
远程防御 0

掉落物

万能激活石

在迷拉星采集符文矿石时，会有可能遇到符文怪。究竟是符文的力量让符文石有了生命，还是某种生活在岩石里的神秘生物和符文石融合变成了符文怪？这是迷你生物学家正在研究的课题。

烈焰星人

生命值 200
近战攻击 30
远程攻击 0
近战防御 0
远程防御 0

掉落物

创造晶体

烈焰星人出没在烈焰星，拥有虚空之力，是虚空的先行者。神出鬼没的烈焰星人拥有飞行的能力，还会伺机偷取冒险家的生命值。

熔岩巨人

生命值 250

近战攻击 125　　**远程攻击** 0

近战防御 8　　**远程防御** 8

掉落物

焦油

也许你不会想到魁梧的熔岩巨人曾经是冒险家的朋友，但在遭遇朋友背叛之后敌视所有冒险家。它常常出现在迷拉星的火山、烈焰星。这个移动缓慢的大块头喜欢近战攻击，接招吧！只有打败它，才能让它安静下来。

硫黄弓手

生命值 150

近战攻击 0　　**远程攻击** 30

近战防御 2　　**远程防御** 2

掉落物

可燃冰

火种

为了适应烈焰星的高温环境，硫黄弓手的身体是由一副骨架构成的。但不要小看了它，除了使用弓箭进行远程攻击，拥有运用火的能力也是它的一大特点。

萌眼叮叮

生命值 120

近战攻击 0　　**远程攻击** 0

近战防御 5　　**远程防御** 5

掉落物

岩石碎片

胆小的萌眼叮叮总是被自己投掷的炸弹吓到，所以它每天都在祈祷冒险家们不要出现在萌眼星。战斗还是逃避，这是一个令萌眼叮叮无比纠结的难题。

角色

生物

方块

工具

作物

杂物

萌眼咚咚

生命值 130

近战攻击 0 　远程攻击 80

近战防御 5 　远程防御 5

掉落物

冰晶

慢性子的萌眼咚咚总是不断提醒大家：慢一点，不要着急！谨慎小心是它的生活守则！如果你不听它的，那就别怪它投掷出冰锥，强制你减速了。

萌眼当当

生命值 140

近战攻击 50 　远程攻击 0

近战防御 5 　远程防御 5

掉落物

聚合物

好斗的萌眼当当一直在寻找一个能用武力征服它的人。要想成为更强的人，就要不断地战斗！小心它的冲撞攻击，躲避不及的话就会被击退。

萌眼咻咻

生命值 250

近战攻击 0 　远程攻击 100

近战防御 10 　远程防御 10

掉落物

重力结晶

天赋异禀的萌眼咻咻独自生活在萌眼星的空岛上，它是萌眼家族中力量最强大的成员。虽然跟萌眼叮叮、萌眼咚咚、萌眼当当并不亲近，但是如果有人敢欺负它们，萌眼咻咻会让你尝尝紫球攻击和念力捆绑的滋味。

远古黑龙

生命值 2750

近战攻击 300 　远程攻击 0

近战防御 8 　远程防御 8

掉落物

炽炎块　钨金块　黑龙雕像　星站能源核心

驻守烈焰星的强大boss，擅长俯冲攻击和发射火球。丰厚的回报吸引着冒险家们不断前往远古黑龙的巢穴。它掉落的星站能源核心可以修复星站，黑龙雕像可以阻止敌对生物在附近生成。

熔岩黑龙

生命值	4000	近战攻击	600	远程攻击	0
		近战防御	8	远程防御	8

掉落物

龙骨	星站能源核心	烈焰断剑	熔岩之心宝石	熔岩雕像

击败远古黑龙后，用熔岩号角可以解除熔岩黑龙的封印。熔岩黑龙除了拥有俯冲和发射火球的技能，还能召唤出熔岩巨人！它掉落的龙骨是制作龙骨弓的重要材料，烈焰断剑则是召唤虚空幻影的三大圣物之一。

混乱黑龙

生命值	6000	近战攻击	900	远程攻击	0
		近战防御	8	远程防御	8

掉落物

龙骨	混乱雕像	星站能源核心	烈焰断剑

击败熔岩黑龙后，用混乱号角可以解除混乱黑龙的封印。混乱黑龙才是烈焰星的终极考验，击败它的回报自然异常丰厚！除了与熔岩黑龙相同的龙骨、星站能源核心、烈焰断剑，还增加了可以震慑周围敌对生物的混乱雕像。

远古叮叮

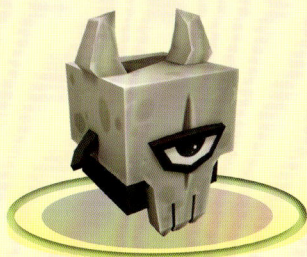

生命值	1750	近战攻击	0	远程攻击	0
		近战防御	20	远程防御	0

萌眼星人的祖先，负责看守星球上的遗迹。它本想做个不问世事的前辈，制作和使用炸弹的技艺也已经传授给萌眼叮叮，可为什么还有那么多冒险家要逼它出手呢。

角色

生物

方块

工具

作物

杂物

远古当当

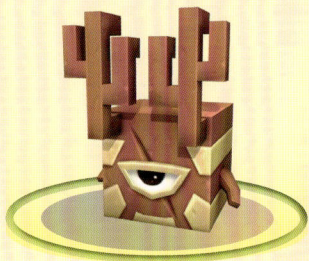

生命值 1750　　近战攻击 100　　远程攻击 0
　　　　　　　　近战防御 20　　远程防御 0

萌眼星人的祖先，负责看守星球上的遗迹。虽然已经把战斗的舞台交给了后辈，但远古当当时不时还是想展示一下自己的战斗实力。小心！它的攻击附带中毒效果。

生命值 1750　　近战攻击 0　　远程攻击 100
　　　　　　　　近战防御 20　　远程防御 0

远古咚咚

萌眼星人的祖先，负责看守星球上的遗迹。冬眠是远古咚咚一直想尝试的事情，现在它终于可以尽情地沉睡了。对于冒险家们的打扰，远古咚咚会毫不吝啬地奉上"冰锥大餐"。

远古巨像

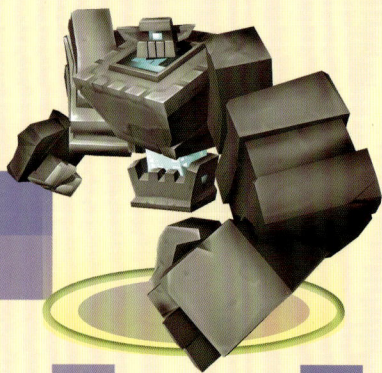

生命值 3000　　近战攻击 150　　远程攻击 0
　　　　　　　　近战防御 20　　远程防御 0

冒险家在萌眼星祭坛召唤远古boss时，远古巨像会出现。迷你生物学家曾经对远古巨像做过一系列研究，得出的结论是它不属于生物。是什么赋予了远古巨像生命呢？目前比较普遍的猜测是：它是某个高科技星球的科技成果。

远古巨人

生命值 4500

近战攻击 200 远程攻击 0

近战防御 20 远程防御 0

掉落物

| 巨人核心 | 巨人雕像 | 星站能源核心 | 石人之眼 |

远古巨人会在远古巨像被击败后出现。远古巨人所守护的石人之眼是召唤虚空幻影的三大圣物之一，此外，巨人核心中蕴藏着巨大的星能力量。这也是迷你科学界推测远古巨人和远古巨像是科技成果的重要依据。

羽蛇神

生命值 1200

近战攻击 0 远程攻击 300

近战防御 8 远程防御 8

掉落物

| 蛇神之羽 | 雷电晶核 | 神圣树种子 |

羽蛇神曾经是迷拉星雨林里祭司们的信仰，拥有操控雷电的能力。然而在虚空之力入侵后，祭司们丧失了信仰，羽蛇神也隐藏在迷拉星的雨林深处，守护着雨林神庙。只有打败它，冒险家才有资格得到神圣树种子，那也是召唤虚空幻影的三大圣物之一。

虚空幻影—迅

生命值 5000

近战攻击 200 远程攻击 0

近战防御 20 远程防御 0

虚空幻影是被封印在迷拉星火山祭坛下的终极boss，也是传说中迷你世界的宿敌虚空一族留下的一道幻影。这是其第一形态，它攻击迅捷，神出鬼没，不仅具备即时传送的能力，还可以控制并吸取冒险家的能力。

角色

生物

方块

工具

作物

杂物

虚空幻影一猛

生命值 5000

近战攻击 200　远程攻击 0
近战防御 20　远程防御 0

掉落物

钨金块　星站能源核心　三角门残片

这是虚空幻影的第二形态，它的体形巨大，但是无法移动。它会召唤出混乱黑龙和远古巨人，而烈焰星人也会因感应到虚空之力而纷纷前来。虚空幻影不会消亡，只要被召唤，它就会不断重生。只有击败它，才能解开虚空之谜，探索更广阔的迷你宇宙。

毒尾蝎

生命值 150

近战攻击 15　远程攻击 0
近战防御 0　远程防御 0

掉落物

毒囊

毒尾蝎广泛分布在迷拉星的沙漠中，通常昼伏夜出。会攻击鸵鸟，最喜欢的食物是鸵鸟蛋。它们甚至会同类相残。毒尾蝎的攻击具有毒性，它们是沙漠居民最讨厌的怪物。如果你在一天中击杀了超过一定数量的毒尾蝎，那你可要当心了，巨型毒尾蝎可能正在向你靠近。

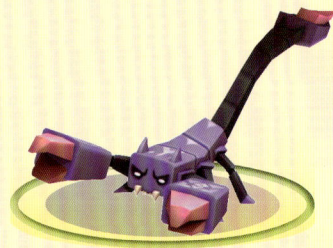

巨型毒尾蝎

生命值	650	近战攻击	30	远程攻击	10
		近战防御	10	远程防御	10

掉落物

蝎尾	坚硬蝎壳	毒囊

巨型毒尾蝎是毒尾蝎家族争斗中获胜的那一只，拥有更加庞大的体形和可怕的攻击力。使用利器攻击巨型毒尾蝎时会掉落**蝎尾**；使用钝器攻击巨型毒尾蝎时会掉落**坚硬蝎壳**；击败巨型毒尾蝎后会掉落**毒囊**。

沙灵守卫

生命值	250	近战攻击	52	远程攻击	0
		近战防御	5	远程防御	0

掉落物

元素核碎片

沙漠遗迹的守卫者，可以靠吸食细沙块迅速增大体形。将破损的**元素核**丢出可以生成一只敌对的沙灵守卫，请谨慎使用。使用**召唤法杖**可以召唤沙灵守卫为你而战。

沙原领主

生命值	2500	近战攻击	150	远程攻击	0
		近战防御	4	远程防御	10

掉落物

沙之咆哮

沙原领主的传说一直在沙漠地区广泛流传。传说它体形巨大，凶猛异常，每当沙尘暴发生时，它就会显露身影。如果你在沙漠中遇见沙原领主，不必过度惊慌，音爆罐子对它有奇效。击败它后掉落的沙之咆哮是十分强大的武器。

角色

生物

方块

工具

作物

杂物

其他

生物

角色

生物

方块

工具

作物

杂物

出气外星人

生命值 150

近战攻击 5 　远程攻击 0

近战防御 1 　远程防御 5

儿童节期间通过登录奖励活动获得。点击地面可以召唤出出气外星人，它会伪装成稻草人的模样，攻击它会掉落意想不到的东西！悄悄告诉你，空手攻击会掉落更多东西。

稻草人

生命值 150

近战攻击 5 　远程攻击 0

近战防御 1 　远程防御 5

农作物的守护者，可以威慑动物，防止其破坏作物，还可以促进作物生长。另外，使用风铃花可以吸引稻草人跟随。而稻草人本身还可以引诱野人猎手攻击。

恶霸屠夫

生命值 100

近战攻击 20 　远程攻击 0

近战防御 5 　远程防御 1

劳动节期间通过登录奖励活动获得。点击地面可以召唤出恶霸屠夫。可以用缠丝玛瑙与他随机兑换各种食材，还可以雇用他击杀动物。注意，恶霸屠夫会攻击附近的墩墩，而被恶霸屠夫击中的冒险家则会变成一只墩墩。

年兽

生命值 250	近战攻击	10	远程攻击	0
	近战防御	0	远程防御	0

春节期间推出的限定神兽。可先使用新年烟花使它进入惊吓状态，再喂食福球将它驯服。驯服后的年兽会帮助攻击怪兽。小心！被年兽击中的冒险家会变成一只鸡。

小恶魔

生命值 150	近战攻击	0	远程攻击	15
	近战防御	0	远程防御	0

周年庆期间夜晚出现的怪物，会使用火球攻击。攻击它直至它逃跑，然后喂食周年庆生日蛋糕可将它驯服。驯服后的小恶魔嘴里会叼着一个奶嘴。

商人

生命值 90	近战攻击	5	远程攻击	0
	近战防御	0	远程防御	0

冒险家可以和商人进行交易。不同的节日会出现不同类型的商人，比如元旦商人、春节商人等。一碗熟米饭可以引导商人跟随。商人一直在勤勤恳恳地贩卖道具，不要随便攻击他。

空岛商人

生命值 90	近战攻击	5	远程攻击	0
	近战防御	0	远程防御	0

出现在空岛神殿的商人，拥有一双天使般的大翅膀。交易物品多为空岛上的特殊资源，如智能芯片等。

角色

生物

方块

工具

作物

杂物

基础

大部分的基础方块是迷你世界中承载各种不同生态的地基（如草块、岩石块、细沙块、红土等），是构成整个迷你世界的重要方块。这类方块基本随处可见，便于收集，也是制作各种道具必不可缺的材料。

角色
生物
方块
工具
作物
杂物

草块

出现在地表的方块，用铲类工具可快速开采。对其使用耙类工具可将其变为耕地。对其使用石铲或者更高级的铲类工具可将其变为土坑。

土块

随处可见的方块，用铲类工具可快速开采。对其使用耙类工具可将其变为耕地。对其使用石铲或者更高级的铲类工具可将其变为土坑。

散落的石块

散落在地表的方块，徒手开采获得的尖锐的石头，能够用来制作石质工具。

岩石

地下随处可见的方块，用镐类工具可快速开采。

岩石块

使用镐类工具开采岩石后获得，是常见的方块，能够用来制作石质工具。

青石

长满苔藓的石块，用镐类工具可快速开采。

细沙块

常见于水边和沙漠地带，用铲类工具可快速开采，可用来合成石英砂，烧制玻璃。下面的方块被采集后，上面的方块会受重力影响下落。

碎石堆

不牢固，用铲类工具可快速开采。下方为空时，冒险家站在上面会令其坍塌。

砂土

养分贫瘠的土块，植物无法在上面生长，用铲类工具可快速开采。

灰砂土

常见于水中的土块，用镐类工具可快速开采。

合成配方：
灰砂×3

积雪

下雪时覆盖在地表的雪。

雪堆

厚厚的雪块，由积雪堆积而成。

合成配方：
积雪×6

冰块

常见于寒冷的冰雪地带，用镐类工具可快速开采。

风蚀岩

强风侵蚀后的沙漠岩石，质地脆弱。

地心基石

位于地心，超级坚硬，无法摧毁。

萌眼星石块

萌眼星的特殊石块，抗爆炸能力强。需使用秘银镐或更高级的镐类工具开采。

萌眼星草块

萌眼星的草块，含有植物生长所需的养分。需使用秘银铲或更高级的铲类工具开采。

旱土

到了萌眼星后养分流失的迷拉星土块，用镐类工具可快速开采。迷拉星土块需要放在星球植物培养基上，才能保证其养分和水分。

硫黄岩

烈焰星常见的岩石，用镐类工具可快速开采。

灼沙

散发着灼热气息的细沙块，用铲类工具可快速开采。

红土

罕见的红色土壤，可用铲类工具开采。不适合多数植物生长，但非常适合菇类生长。

白色基石

白色的基石方块，可作为基石使用。可在创造模式或者开发者模式中使用，生存模式中无法被破坏。

解锁途径：
用家园植物果实开出的碎片合成。

基石—混凝土

添加了特殊材料的混凝土，可作为基石使用。可在创造模式或者开发者模式中使用，生存模式中无法被破坏。

解锁途径：
用家园植物果实开出的碎片合成。

基石—裂土

外观像凝固的熔岩，可作为基石使用。可在创造模式或者开发者模式中使用，生存模式中无法被破坏。

解锁途径：
用家园植物果实开出的碎片合成。

基石—坚冰

寒冷坚固的冰块，可作为基石使用。可在创造模式或者开发者模式中使用，生存模式中无法被破坏。

解锁途径：
用家园植物果实开出的碎片合成。

基石—钢板

超级坚硬的钢板，可作为基石使用。可在创造模式或者开发者模式中使用，生存模式中无法被破坏。

解锁途径：
用家园植物果实开出的碎片合成。

材料

材料方块基本可以分为木材方块和矿石方块两类，可以用斧子和矿镐类工具开采。大部分矿石方块需要经过熔炼加工，而各种木材和可燃冰原块可作为熔炼时的燃料。

角色 生物 **方块** 工具 作物 杂物

果木
使用**斧类工具**可快速开采。在背包中或使用工匠台可将其制成木板和树枝，也可以直接作为燃料使用。

落叶松木
使用**斧类工具**可快速开采。在背包中或使用工匠台可将其制成木板和树枝，也可以直接作为燃料使用。

白杨木
使用**斧类工具**可快速开采。在背包中或使用工匠台可将其制成木板和树枝，也可以直接作为燃料使用。

红杉木
使用**斧类工具**可快速开采。在背包中或使用工匠台可将其制成木板和树枝，也可以直接作为燃料使用。

楠木
使用**斧类工具**可快速开采。在背包中或使用工匠台可将其制成木板和树枝，也可以直接作为燃料使用。

胡桃木
使用**斧类工具**可快速开采。在背包中或使用工匠台可将其制成木板和树枝，也可以直接作为燃料使用。

桃花木
使用**斧类工具**可快速开采。在背包中或使用工匠台可将其制成木板和树枝，也可以直接作为燃料使用。

雨林乔木
使用**斧类工具**可快速开采。在背包中或使用工匠台可将其制成木板和树枝，也可以直接作为燃料使用。

珍木
使用**斧类工具**可快速开采。在背包中或使用工匠台可将其制成木板和树枝，也可以直接作为燃料使用。

无叶珍木
生长在萌眼星的贫瘠地表上。可使用**秘银斧**或更高级的斧类工具进行开采。可以在其树干侧面种植氧气果。

神圣树干
神圣树的树干，裂纹中散发出微弱的金色光芒。

果木板
由**果木**制作的基础建筑材料。在木制建筑中被广泛使用，还可以用于制作储物箱等木制家具。

合成配方：
细果木树枝×1

落叶松木板
由**落叶松木**制作的基础建筑材料。在木制建筑中被广泛使用，还可以用于制作储物箱等木制家具。

合成配方：
细落叶松树枝×1

62

白杨木板
由白杨木制作的基础建筑材料。在木制建筑中被广泛使用，还可以用于制作储物箱等木制家具。

合成配方：
细白杨木树枝×1

乔木木板
由乔木制作的基础建筑材料。在木制建筑中被广泛使用，还可以用于制作储物箱等木制家具。

合成配方：
雨林乔木×1

红杉木板
由红杉木制作的基础建筑材料。在木制建筑中被广泛使用，还可以用于制作储物箱等木制家具。

合成配方：
红杉木×1

珍木木板
由珍木制作的基础建筑材料。在木制建筑中被广泛使用，还可以用于制作储物箱等木制家具。

合成配方：
细珍木树枝×1

楠木板
由楠木制作的基础建筑材料。在木制建筑中被广泛使用，还可以用于制作储物箱等木制家具。

合成配方：
楠木×1

竹板
竹制装饰材料。

合成配方：
竹子×6

胡桃木板
由胡桃木制作的基础建筑材料。在木制建筑中被广泛使用，还可以用于制作储物箱等木制家具。

合成配方：
细胡桃树树枝×1

粗果木树枝
使用斧类工具可快速开采。在背包中或使用工匠台可将其制成木板，作为燃料使用时燃烧时间相对较短。

桃花木板
由桃花木制作的基础建筑材料。在木制建筑中被广泛使用，还可以用于制作储物箱等木制家具。

合成配方：
细桃花树树枝×1

细果木树枝
使用斧类工具可快速开采。在背包中或使用工匠台可将其制成木板，作为燃料使用时燃烧时间相对较短。

合成配方：
果木×1

角色
生物
方块
工具
作物
杂物

粗落叶松树枝

使用斧类工具可快速开采。在背包中或使用工匠台可将其制成木板，作为燃料使用时燃烧时间相对较短。

细落叶松树枝

使用斧类工具可快速开采。在背包中或使用工匠台可将其制成木板，作为燃料使用时燃烧时间相对较短。

合成配方：
落叶松木×1

粗白杨木树枝

使用斧类工具可快速开采。在背包中或使用工匠台可将其制成木板，作为燃料使用时燃烧时间相对较短。

细白杨木树枝

使用斧类工具可快速开采。在背包中或使用工匠台可将其制成木板，作为燃料使用时燃烧时间相对较短。

合成配方：
白杨木×1

粗胡桃树树枝

使用斧类工具可快速开采。在背包中或使用工匠台可将其制成木板，作为燃料使用时燃烧时间相对较短。

细胡桃树树枝

使用斧类工具可快速开采。在背包中或使用工匠台可将其制成木板，作为燃料使用时燃烧时间相对较短。

合成配方：
胡桃木×1

粗桃花树树枝

使用斧类工具可快速开采。在背包中或使用工匠台可将其制成木板，作为燃料使用时燃烧时间相对较短。

细桃花树树枝

使用斧类工具可快速开采。在背包中或使用工匠台可将其制成木板，作为燃料使用时燃烧时间相对较短。

合成配方：
桃花木×1

粗珍木树枝

使用斧类工具可快速开采。在背包中或使用工匠台可将其制成木板，作为燃料使用时燃烧时间相对较短。

细珍木树枝

使用斧类工具可快速开采。在背包中或使用工匠台可将其制成木板，作为燃料使用时燃烧时间相对较短。

合成配方：
珍木×1

雨林之芯乔木
内部镶嵌着雨林之芯碎片的乔木。

胡杨原木
上好的原木，可制成树枝或帐篷，也可以作为燃料使用。

粗胡杨树枝
使用斧类工具可快速开采，可以作为燃料使用。

细胡杨树枝
使用斧类工具可快速开采，可以作为燃料使用。

- - - - - - - -

合成配方：
胡杨原木×1

可燃冰原块
随处可见的矿石，使用镐类工具可快速开采。可作为燃料使用。

铜合金矿
很常见的矿物，在熔炉中可以煅烧出黄铜，温度越高，产出数量越多。可使用镐类工具挖掘获得。

秘银矿
较为常见的矿物，在熔炉中可以煅烧出秘银，温度越高，产出数量越多。可使用镐类工具挖掘获得。

钛合金矿
稀有矿物，在火山和空岛产出较多，在熔炉中可以煅烧出钛合金，温度越高，产出数量越多。可使用镐类工具挖掘获得。

攻击符文矿石
使用铜矿镐或更高级的镐类工具开采，可获得攻击符文石。矿镐等级越高，开采出高级符文石的概率越大。

防御符文矿石
使用铜矿镐或更高级的镐类工具开采，可获得防御符文石。矿镐等级越高，开采出高级符文石的概率越大。

效率符文矿石
使用铜矿镐或更高级的镐类工具开采，可获得效率符文石。矿镐等级越高，开采出高级符文石的概率越大。

石油块
埋在海底的细沙里，会冒出黑色的气泡，可使用秘银镐或更高级的镐类工具开采。可作为熔炼燃料使用。

掩埋的机械

被掩埋的废弃机械堆，也许能从中挖出一些科技材料。

硅石矿

烈焰星的稀有矿石。可使用石矿镐或更高级的镐类工具开采。

星能矿

埋藏在烈焰星的矿石，可能出现在地下很深的位置。可使用秘银镐或更高级的镐类工具开采。可在熔炉中加工成蓝色星能线。

星铜矿石

萌眼星的常见矿石，可能出现在空岛的地层中。可使用钛合金镐或更高级的镐类工具开采。

紫荧矿石

萌眼星的常见矿石，可能出现在空岛的山地内部。可使用星铜钻头或更高级的镐类工具开采。

黄铜块

使用黄铜合成的方块。

合成配方：
黄铜×10

钛合金块

使用钛合金合成的方块。

合成配方：
钛合金×10

星铜石块

由大量星铜石合成的璀璨的方块。

合成配方：
星铜石×10

紫荧石块

由大量紫荧石合成的神秘方块。

合成配方：
紫荧石×10

草木灰方块

富含营养的肥沃土地，可以使植被生长速度加快。

合成配方：
草木灰×9

炽炎矿

稀有矿石，可能出现在烈焰星地下较深的位置。可使用秘银镐或更高级的镐类工具开采。可在熔炉中加工成炽炎。

缠丝玛瑙原石

稀有矿石，可能出现在地下较深的位置。可使用秘银镐或更高级的镐类工具开采。

钨金矿

超稀有矿石，可能出现在萌眼星上。可使用钛合金镐或更高级的镐类工具开采。

炽炎块

红光闪闪的方块，由大量炽炎合成。

合成配方：
炽炎×10

琥珀原石

超稀有矿石，可能出现在地下很深的位置。可使用黄铜镐或更高级的镐类工具开采。

秘银块

发出寒光的方块，由大量秘银合成。

合成配方：
秘银×10

钨金块

乌黑发亮的方块，由大量钨金合成。

合成配方：
钨金×10

可燃冰块

蕴藏热能的方块，由大量可燃冰合成。

合成配方：
可燃冰×10

琥珀块

蕴藏着千万年时光的纯净琥珀。

合成配方：
琥珀×10

缠丝玛瑙块

外观漂亮的珍贵方块，由大量缠丝玛瑙合成。

合成配方：
缠丝玛瑙×10

小贴士

挖矿是贯串整个生存模式的核心玩法。矿石能用来制作各种武器和护甲，还可以制作星能道具，用途十分广泛。稀有的矿石如钛合金矿、硅石矿等能用来制作更高级的道具，其采集难度也更高。快来采集矿石，丰富你的资源库吧！

特殊

特殊方块在生存模式中比较少见，有些甚至只能在创造模式中使用。这类方块虽然少见，却为游戏增添了趣味性，比如一踩就碎的彩云、能加速移动的地心传送门块、可以随意染色的硬砂块等。

红沙
罕见的红色细沙块。

彩云
美丽的彩色云朵。小心！一踩上去就会碎。据说运气好的人会获得彩云的馈赠。

泡沫块
具有装饰作用的方块。

萌眼星云团
萌眼星空岛周边的云块。踩上去就会破碎。

魔古岩
未知之地的石头。不易被爆炸摧毁。商人有时会出售。

空的蜂巢
没有蜂蜜的蜂巢，放到桃花树的叶子下可以收集蜂蜜。

曙光石块
放置后可照亮周围的空间。

合成配方：
曙光石粉×3

满的蜂巢
装满蜂蜜的蜂巢，会吸引蜜蜂。对其使用小玻璃瓶可以获得瓶装蜂蜜。

荧光晶块
放置后可照亮周围的空间。战斗鸡会在此方块上活动，并攻击靠近此方块的怪物。

合成配方：
荧光晶体×9

蜂蜜块
装饰方块。蜂蜜遇水凝固后生成。

烧焦的蜂蜜
蜂蜜遇岩浆凝固后生成，虽然是固体，但结构非常脆弱，踩上去就会破碎。

硫黄晶砂
出现在烈焰星的岩浆中，只能用钨金铲开采，被岩浆遮挡时会引起喷发，是制作混乱结晶的材料之一。

凝浆块
充满岩浆的方块，击碎后会流出岩浆。

黑凝浆块
流失了岩浆的凝浆块，可作为燃料使用。

地心门框
由于神秘力量的影响，它与地心世界的连接消失了。本身非常坚固，可用作建筑材料。

地心传送门块
由于神秘力量的影响，它与地心世界的连接消失了。穿过它可以加速移动。

硬砂块
具有多种颜色的建筑方块。对其使用彩弹枪或彩蛋，可将其染色。通过在铜炉或更高级的熔炉中煅烧灰砂土获得。

白色硬砂块
染成白色的建筑方块。对其使用彩弹枪或彩蛋，可将其染成其他颜色。

橙色硬砂块
染成橙色的建筑方块。对其使用彩弹枪或彩蛋，可将其染成其他颜色。

紫红硬砂块
染成紫红色的建筑方块。对其使用彩弹枪或彩蛋，可将其染成其他颜色。

淡蓝硬砂块
染成淡蓝色的建筑方块。对其使用彩弹枪或彩蛋，可将其染成其他颜色。

黄硬砂块
染成黄色的建筑方块。对其使用彩弹枪或彩蛋，可将其染成其他颜色。

淡绿硬砂块
染成淡绿色的建筑方块。对其使用彩弹枪或彩蛋，可将其染成其他颜色。

粉色硬砂块
染成粉色的建筑方块。对其使用彩弹枪或彩蛋，可将其染成其他颜色。

灰色硬砂块
染成灰色的建筑方块。对其使用彩弹枪或彩蛋，可将其染成其他颜色。

角色
生物
方块
工具
作物
杂物

淡灰硬砂块
染成淡灰色的建筑方块。对其使用彩弹枪或彩蛋，可将其染成其他颜色。

绿色硬砂块
染成绿色的建筑方块。对其使用彩弹枪或彩蛋，可将其染成其他颜色。

青色硬砂块
染成青色的建筑方块。对其使用彩弹枪或彩蛋，可将其染成其他颜色。

红色硬砂块
染成红色的建筑方块。对其使用彩弹枪或彩蛋，可将其染成其他颜色。

紫色硬砂块
染成紫色的建筑方块。对其使用彩弹枪或彩蛋，可将其染成其他颜色。

黑色硬砂块
染成黑色的建筑方块。对其使用彩弹枪或彩蛋，可将其染成其他颜色。

蓝色硬砂块
染成蓝色的建筑方块。对其使用彩弹枪或彩蛋，可将其染成其他颜色。

褐色硬砂块
染成褐色的建筑方块。对其使用彩弹枪或彩蛋，可将其染成其他颜色。

咒岩
位于地下遗迹的外墙处，散发着诡异气息的岩石。接触流沙后会变得透明。冒险家挖掘它时会遭到诅咒，损失生命值。

建筑

迷你世界里有种类繁多的砖类、楼梯、台阶等建筑方块。这些方块虽然没有特殊效果，但颜色、材质各不相同。有了它们，你在搭建建筑的时候就可以尝试各种风格了，无论是传统风、中世纪风还是未来科技风，都不在话下。

果木地板
用果木板制作的装饰方块。

合成配方：
果木板×2

落叶松地板
用落叶松木板制作的装饰方块。

合成配方：
落叶松木板×2

解锁途径：
用感恩福利周活动获得的碎片合成。

红杉地板
用红杉木板制作的装饰方块。

合成配方：
红杉木板×2

解锁途径：
用感恩福利周活动获得的碎片合成。

果木台阶
用果木板制作的半格高台阶。

合成配方：
果木板×6

落叶松台阶
用落叶松木板制作的半格高台阶。

合成配方：
落叶松木板×6

白杨木台阶
用白杨木板制作的半格高台阶。

合成配方：
白杨木板×6

红杉台阶
用红杉木板制作的半格高台阶。

合成配方：
红杉木板×6

楠木台阶
用楠木板制作的半格高台阶。

合成配方：
楠木板×6

胡桃台阶
用胡桃木板制作的半格高台阶。

合成配方：
胡桃木板×6

角色
生物
方块
工具
作物
杂物

桃花木台阶
用桃花木板制作的半格高台阶。
合成配方：
桃花木板×6

竹板台阶
用竹板制作的半格高台阶。
合成配方：
竹板×6

乔木台阶
用乔木木板制作的半格高台阶。
合成配方：
乔木木板×6

珍木台阶
用珍木木板制作的半格高台阶。
合成配方：
珍木木板×5

果木楼梯
用果木板制作的楼梯。
合成配方：
果木板×5

落叶松楼梯
用落叶松木板制作的楼梯。
合成配方：
落叶松木板×5

白杨木楼梯
用白杨木板制作的楼梯。
合成配方：
白杨木板×5

红杉楼梯
用红杉木板制作的楼梯。
合成配方：
红杉木板×5

楠木楼梯
用楠木板制作的楼梯。
合成配方：
楠木板×5

胡桃楼梯
用胡桃木板制作的楼梯。
合成配方：
胡桃木板×5

桃花木楼梯
用桃花木板制作的楼梯。

合成配方：
桃花木板×5

冰砖
用冰块制作的建筑材料，虽粗糙却坚固。

合成配方：
冰块×3

竹板楼梯
用竹板制作的楼梯。

合成配方：
竹板×5

沙砖
用细沙块制作的建筑材料。

合成配方：
细沙块×6

乔木楼梯
用乔木木板制作的楼梯。

合成配方：
乔木木板×5

平滑沙砖
用沙砖制作的建筑材料。

合成配方：
沙砖×2

珍木楼梯
用珍木木板制作的楼梯。

合成配方：
珍木木板×6

花纹沙砖
用沙砖台阶制作的建筑材料。

合成配方：
沙砖台阶×2

土砖
用土块制作的建筑材料。

合成配方：
土块×4

沙砖板
用岩石块和细沙块制作的建筑材料。

合成配方：
岩石块×2　　　细沙块×2

角色
生物
方块
工具
作物
杂物

细沙砖板

用粗制岩石砖和细沙块制作的装饰方块。

合成配方：

粗制岩石砖×2　　　细沙块×2

解锁途径：

用感恩福利周活动获得的碎片合成。

岩石砖

用岩石制作的建筑材料。

合成配方：

岩石×3

粗制岩石砖

用岩石块制作的建筑材料。

合成配方：

岩石块×2

裂纹岩石砖

带有裂纹的建筑材料。

青苔岩石砖

长满青苔的建筑材料。

花纹岩石砖

带有花纹的建筑材料。

硫黄砖

制作硫黄砖块的材料。在熔炉中煅烧硫黄岩获得。

硫黄砖块

用硫黄砖制作的建筑材料。

合成配方：

硫黄砖×3

灰砂砖

制作灰砂砖块的材料。在熔炉中煅烧灰砂土获得。

灰砂砖块

用灰砂砖制作的建筑材料。

合成配方：

灰砂砖×3

釉面砖

用岩石块和灰砂制作的建筑材料。

合成配方：

岩石块×2　　　灰砂×2

横格釉面砖

用釉面砖制作的建筑材料。

合成配方:
釉面砖×2

竖格釉面砖

用釉面砖制作的建筑材料。

合成配方:
釉面砖×2

解锁途径:
用感恩福利周活动获得的碎片合成。

四格釉面砖

用釉面砖制作的建筑材料。

合成配方:
釉面砖×2

解锁途径:
用感恩福利周活动获得的碎片合成。

不规则釉面砖

用釉面砖制作的建筑材料。

合成配方:
釉面砖×2

解锁途径:
用感恩福利周活动获得的碎片合成。

星球岩石砖

用萌眼星石块制作的建筑材料。

合成配方:
萌眼星石块×4

石柱

精致的石柱,可用于建造。对其使用彩弹枪或彩蛋可以染色。

合成配方:
硬砂块×1

柱顶

连接石柱的柱顶,可用于建造。对其使用彩弹枪或彩蛋可以染色。

合成配方:
硬砂块×1

镜冰

光滑如镜的冰。

合成配方:
冰砖×4

解锁途径:
用家园植物果实开出的碎片合成。

硅石块

外观好看的建筑材料。

合成配方:
硅石×3

花纹硅石块

带有花纹的建筑材料。

合成配方:
硅石台阶×2

竖纹硅石块

带有竖纹的建筑材料。

合成配方:
硅石块×2

花纹细柱

特殊的方块,1格内可以摆放多个,增加建造的可能性。

合成配方:
岩石×1　炽炎×2

岩石台阶

用岩石制作的半格高台阶。

合成配方:
岩石×6

石块台阶

用岩石块制作的半格高台阶。

合成配方:
岩石块×6

岩石砖台阶

用岩石砖制作的半格高台阶。

合成配方:
岩石砖×6

沙砖台阶

用沙砖制作的半格高台阶。

合成配方:
沙砖×6

硫黄砖台阶

用硫黄砖块制作的半格高台阶。

合成配方:
硫黄砖块×6

灰砂砖台阶

用灰砂砖块制作的半格高台阶。

合成配方:
灰砂砖块×6

硅石台阶

用硅石块制作的半格高台阶。

合成配方:
硅石块×6

星球岩台阶

用星球岩石砖制作的半格高台阶。

合成配方：
星球岩石砖×5

石块楼梯

用岩石块制作的楼梯。

合成配方：
岩石块×3

铜台阶

用黄铜制作的半格高金属台阶。

合成配方：
黄铜×5

岩石砖楼梯

用岩石砖制作的楼梯。

合成配方：
岩石砖×5

秘银台阶

用秘银制作的半格高金属台阶。

合成配方：
秘银×5

沙砖楼梯

用沙砖制作的楼梯。

合成配方：
沙砖×5

钛台阶

用钛合金制作的半格高金属台阶。

合成配方：
钛合金×5

硫黄砖楼梯

用硫黄砖块制作的楼梯。

合成配方：
硫黄砖块×5

炽炎台阶

用炽炎制作的半格高金属台阶。

合成配方：
炽炎×5

灰砂砖楼梯

用灰砂砖块制作的楼梯。

合成配方：
灰砂砖块×5

硅石楼梯
用硅石块制作的楼梯。

合成配方:
硅石块×5

星球岩楼梯
用星球岩石砖制作的楼梯。

合成配方:
星球岩石砖×6

铜楼梯
用黄铜制作的金属楼梯。

合成配方:
黄铜×7

秘银楼梯
用秘银制作的金属楼梯。

合成配方:
秘银×7

钛楼梯
用钛合金制作的金属楼梯。

合成配方:
钛合金×7

炽炎楼梯
用炽炎制作的金属楼梯。

合成配方:
炽炎×7

旧秘银块
可以用彩蛋或彩弹枪染色的建筑材料。

合成配方:
秘银×4

解锁途径:
用家园植物果实开出的碎片合成。

橙色旧秘银块
染成橙色的建筑材料。可以用彩蛋或彩弹枪染成其他颜色。

洋红旧秘银块
染成紫红色的建筑材料。可以用彩蛋或彩弹枪染成其他颜色。

淡蓝旧秘银块
染成淡蓝色的建筑材料。可以用彩蛋或彩弹枪染成其他颜色。

黄旧秘银块

染成黄色的建筑材料。可以用彩蛋或彩弹枪染成其他颜色。

紫色旧秘银块

染成紫色的建筑材料。可以用彩蛋或彩弹枪染成其他颜色。

黄绿色旧秘银块

染成黄绿色的建筑材料。可以用彩蛋或彩弹枪染成其他颜色。

蓝色旧秘银块

染成蓝色的建筑材料。可以用彩蛋或彩弹枪染成其他颜色。

粉色旧秘银块

染成粉色的建筑材料。可以用彩蛋或彩弹枪染成其他颜色。

棕色旧秘银块

染成棕色的建筑材料。可以用彩蛋或彩弹枪染成其他颜色。

灰色旧秘银块

染成灰色的建筑材料。可以用彩蛋或彩弹枪染成其他颜色。

绿色旧秘银块

染成绿色的建筑材料。可以用彩蛋或彩弹枪染成其他颜色。

淡灰色旧秘银块

染成淡灰色的建筑材料。可以用彩蛋或彩弹枪染成其他颜色。

红色旧秘银块

染成红色的建筑材料。可以用彩蛋或彩弹枪染成其他颜色。

青色旧秘银块

染成青色的建筑材料。可以用彩蛋或彩弹枪染成其他颜色。

黑色旧秘银块

染成黑色的建筑材料。可以用彩蛋或彩弹枪染成其他颜色。

星能秘银块
坚固、好看的建筑材料。

合成配方:
秘银×4　蓝色星能线×2

解锁途径:
用家园植物果实开出的碎片合成。

厚秘银板
坚固、好看的建筑材料。

合成配方:
秘银×4

解锁途径:
用家园植物果实开出的碎片合成。

星能锈秘银块
不够牢固的生锈星能秘银块。

合成配方:
秘银×4　蓝色星能线×2　瓶装水×1

解锁途径:
用家园植物果实开出的碎片合成。

竖纹秘银板
带有竖纹的秘银板。

合成配方:
秘银×2

解锁途径:
用家园植物果实开出的碎片合成。

花纹秘银块
带有黄灰双色花纹的秘银制建筑材料。

合成配方:
秘银×4　黄颜料瓶×1　灰颜料瓶×1

解锁途径:
用家园植物果实开出的碎片合成。

镂空秘银板
坚固、好看的建筑材料。

合成配方:
秘银×4

解锁途径:
用家园植物果实开出的碎片合成。

紫线秘银块
坚固、好看的建筑材料。

合成配方:
秘银×4　红色星能线×2

解锁途径:
用家园植物果实开出的碎片合成。

星能秘银板
坚固、好看的建筑材料。

合成配方:
秘银×4　蓝色星能线×2

解锁途径:
用家园植物果实开出的碎片合成。

锈秘银板

不牢固的生锈秘银板。

合成配方：

秘银×4　　瓶装水×1

解锁途径：

用家园植物果实开出的碎片合成。

镂空锈秘银板

生锈的镂空秘银板。

合成配方：

秘银×4　　瓶装水×1

解锁途径：

用家园植物果实开出的碎片合成。

条纹锈秘银板

带有条纹的生锈秘银板。

合成配方：

秘银×4　　瓶装水×1

解锁途径：

用家园植物果实开出的碎片合成。

秘银丝网

不牢固的生锈秘银丝网。

合成配方：

秘银×4　　瓶装水×1

解锁途径：

用家园植物果实开出的碎片合成。

小贴士 ➤➤➤➤➤➤➤➤➤➤➤➤

　　用家园植物果实开出的相关方块的碎片可以合成镂空秘银板、紫线秘银块等特殊材质或有特殊花纹的方块，为你的建筑增加质感。

道具

这里有合成系统的工匠台、熔炼系统的熔炼炉、烹饪系统的篝火和锅，此外还有驾驶座、动作序列器等星能道具，以及篮球、排球等具有物理特性的道具。可以说，这个类别涵盖了迷你世界玩法的精髓。

角色
生物
方块
工具
作物
杂物

石制创造锤

石头制成的创造锤，敲击方块会发出声音，可以点击**使用键**将创造锤放置在地上。

合成配方：
岩石块×3　　细果木树枝×4

黄铜创造锤

黄铜制成的创造锤，敲击方块会发出声音，可以点击**使用键**将创造锤放置在地上。

合成配方：
黄铜×3　　细果木树枝×4

秘银创造锤

秘银制成的创造锤，敲击方块会发出声音，可以点击**使用键**将创造锤放置在地上。

合成配方：
秘银×3　　细果木树枝×4

钛金创造锤

钛合金制成的创造锤，敲击方块会发出声音，可以点击**使用键**将创造锤放置在地上。

合成配方：
钛合金×3　　细果木树枝×4

完整工匠台

通过手持创造晶体点击不完整工匠台获得。**放置在地上后使用**，可以合成更多物品和显示全部配方。

不完整工匠台

用石头和树枝合成。**放置在地上后使用**，可以合成丰富的物品和显示目前背包里的材料能合成物品的配方。

合成配方：
细果木树枝×2　　岩石块×2

大型储物箱（横）

超大的储物箱，放在地面上，用来储存物品。

合成配方：
果木板×8　　细果木树枝×4

大型储物箱（竖）

超大的储物箱，放在地面上，用来储存物品。

合成配方：
果木板×8　　细果木树枝×4

篝火

可以使用**火炬、点火器**等工具生火。生火后添加燃料可以加大火势。可将普通肉类食物放置在火上烧烤。**野人**可能会喜欢烤肉的香味。

合成配方：
岩石块×2　　果木×4

石锅

用岩石块制成的锅。放置于篝火上方，可制作等级较低的食物。别忘了往篝火里添加燃料。

合成配方：

岩石块×6

秘银锅

在工匠台用秘银制成的锅。放置于篝火上方，可制作等级较高的食物，别忘了往篝火里添加燃料。

合成配方：

秘银×6

石炉

简易的低级熔炼装置，只能添加一组燃料和原料，可以缓慢地熔炼原料。

合成配方：

岩石块×8　　土块×4

铜炉

较强大的熔炉，可以添加两组燃料和原料，比石炉能更快地熔炼原料。

合成配方：

黄铜×6

秘银炉

最高级的熔炉，可以添加三组燃料和原料，能更快地熔炼原料。

合成配方：

秘银×6

花洒

空的花洒。对着水使用，可以将其装满水。

合成配方：

秘银×3　　透明玻璃块×1　　白颜料瓶×1

有水的花洒

装水的花洒。对着干燥的耕地、土坑使用，可以湿润土壤。

木质字牌

只能放置在方块四周，放置后输入单个文字，可变得异常醒目。可以在机械上生效。

合成配方：

果木板×4

解锁途径：

用家园植物果实开出的碎片合成。

石质字牌

只能放置在方块四周，放置后输入单个文字，可变得异常醒目。

合成配方：

岩石×4

解锁途径：

用家园植物果实开出的碎片合成。

秘银字牌

只能放置在方块四周，放置后输入单个文字，可变得异常醒目。

合成配方：

果木板×4　　秘银×2

解锁途径：

用家园植物果实开出的碎片合成。

黄铜星能幕布

放置后，可输入告示文字。可以在机械上生效。

合成配方：

黄铜×3　　蓝色星能线×1

熔岩字牌

只能放置在方块四周，放置后输入单个文字，可变得异常醒目。

合成配方：

硫黄砖×4

解锁途径：

用家园植物果实开出的碎片合成。

秘银星能幕布

放置后，可输入告示文字。

合成配方：

秘银×3　　蓝色星能线×1

解锁途径：

用家园植物果实开出的碎片合成。

炽炎字牌

只能放置在方块四周，放置后输入单个文字，可变得异常醒目。

合成配方：

果木板×4　　炽炎×2

解锁途径：

用家园植物果实开出的碎片合成。

钛金星能幕布

放置后，可输入告示文字。

合成配方：

钛合金×3　　蓝色星能线×1

解锁途径：

用家园植物果实开出的碎片合成。

钨金字牌

只能放置在方块四周，放置后输入单个文字，可变得异常醒目。

合成配方：

钨金×1　紫荧石×1　果木板×3

解锁途径：

用家园植物果实开出的碎片合成。

熔岩星能幕布

放置后，可输入告示文字。

合成配方：

硫黄岩×3　蓝色星能线×1　曙光石粉×1

解锁途径：

用家园植物果实开出的碎片合成。

二胡

拉弦乐器，表现力极强，既适合营造深沉、悲凉的氛围，也能展现气势宏伟的意境。手持时，长按**使用键**可以进行演奏。

合成配方：

果木×3　　细果木树枝×3　　丝线×5
黄铜×2

古筝

弹拨弦鸣乐器，又名汉筝、秦筝。常用于独奏、重奏、器乐合奏，以及歌舞、戏曲、曲艺的伴奏。因音域宽广、音色优美、演奏技巧丰富、表现力强而被称为"众乐之王"。手持时，长按**使用键**可以进行演奏。

合成配方：

果木×5　　丝线×6　　细果木树枝×8

唢呐

双簧木管乐器，以其独特的气质和音色成为颇具代表性的民族管乐器。手持时，长按**使用键**可以进行演奏。

合成配方：

黄铜×5　　细果木树枝×3

琵琶

拨弦类弦鸣乐器，由木或竹制成，音箱呈半梨形，上装四弦，颈与面板上设有以确定音位的"相"和"品"。长按**使用键**可以进行演奏。

合成配方：

丝线×5　　细果木树枝×4　　果木×3

笛子

横吹木管乐器，音域宽广，民族吹管乐的代表。长按**使用键**可以进行演奏。

合成配方：

竹子×3　　细果木树枝×3　　黄铜×2

鼓

打击乐器，在中空的木制圆筒上覆上坚韧的鼓皮，以供打击。长按**使用键**可以进行演奏。

合成配方：

果木×3　　细果木树枝×3　　软皮革×5
黄铜×2

符文台

用于激活道具的符文效果。

合成配方：

创造晶体×6　　秘银×4

黄铜棍

主要用于制作铜围栏。

合成配方：

黄铜×3

皮革卷轴

可以记录文字。

合成配方：

软皮革×3　　丝线×2

火炬

放置后可照亮周围空间。手持火炬点击篝火，可以将篝火点燃。

合成配方：
果木树叶×1　　细果木树枝×8

点火器

使用后会在目标位置产生火焰。

合成配方：
秘银×1　　火药×1　　星能矿×1

号角

使用后，若生效范围内有牛，牛会被吸引过来。

合成配方：
牛角×1　　秘银×1

灵狐口哨

对驯服后的灵狐或猴子使用，可以使其坐下。

合成配方：
果木板×1　　曙光石粉×1

小玻璃瓶

对水或蜂蜜使用，可以将其装起来。对萤火虫使用，可以对其进行捕捉。对产奶状态的羊使用，可以获得瓶装鲜奶。是合成各种药剂和颜料瓶的材料之一。

合成配方：
果木板×1　　透明玻璃块×5

星团云瓶

在非水中环境使用，会在面前形成云团。

反射镜

放置后，可以反射巨人核心发出的激光。

合成配方：
萌眼星石块×2　　星铜石×2　　巨人核心×1

解锁途径：
用家园植物果实开出的碎片合成。

蛇神之翼

用蛇神之羽制成的翅膀，可以用于滑翔。

合成配方：
蛇神之羽×9　　炽炎×9　　兽骨×6

全息投影装置

神奇的外星科技产品，可以投射出图片的装置。

合成配方：
钛合金×3　　智能芯片×1

桃木图腾

放置后，会在小地图上显示标记。最多只能显示10处标记，若放置超过10处图腾，则只能显示最后标记的10处。点击图腾即可重新激活标记，只有房主可以激活。

合成配方：
桃花木×6　　缠丝玛瑙×3　　白颜料瓶×3
琥珀×2

荧光球

对方块使用会使其在一段时间内**成为光源**，对**生物**使用会使其附加荧光效果。

合成配方：
荧光彩色草×1　萌眼星石块×1　聚合物×1

彩弹枪

击中羊、棉花块、玻璃块、硬砂块会将其染上已选择的颜色。使用**换弹键**选择颜色。

彩蛋

击中羊、棉花块、玻璃块、硬砂块时，会将**一定范围内的方块**染上已选择的颜色。使用**换弹键**选择颜色。

合成配方：
企鹅蛋×10　粉红颜料瓶×1　黄颜料瓶×1
青颜料瓶×1

小彩蛋

击中羊、棉花块、玻璃块、硬砂块会将其染上已选择的颜色。使用**换弹键**选择颜色。

合成配方：
嘟嘟鸟蛋×10　红颜料瓶×1　黄颜料瓶×1
淡蓝颜料瓶×1

空气气球

色彩缤纷的装饰品。点击可放置，放置后点击可将其戳爆。儿童节活动期间在六一商人处购买。

彩色气球

点击可放飞，放飞后点击可将其戳爆。周年庆活动期间在周年商人处购买。

小木船

在**水中**使用，会生成一条可以在水上航行的船。

合成配方：
果木板×3　秘银×1

炸药桶

放置后，若接触火源或星能信号，会在4秒钟后发生较大范围的爆炸。

合成配方：
火药×3　果木板×3　石子×2　绳子×1

十字大炸弹

放置在脚下，3秒后发生"十"字形爆炸，爆炸影响距离为6格。打开地牢宝箱有概率获得。

角色
生物
方块
工具
作物
杂物

角色
生物
方块
工具
作物
杂物

十字小炸弹

放置在脚下，3秒后发生"十"字形爆炸，爆炸影响距离为3格。打开地牢宝箱有概率获得。

单向大炸弹

放置在脚下，3秒后发生直线形爆炸，爆炸影响距离为7格。打开地牢宝箱有概率获得。

单向小炸弹

放置在脚下，3秒后发生直线形爆炸，爆炸影响距离为4格。打开地牢宝箱有概率获得。

大爆竹

若被丢出，会在短暂延迟后爆炸。

合成配方：

丝线×1　软皮革×4　火药×2

解锁途径：

用家园植物果实开出的碎片合成。

圆球爆弹

若被丢出，会在短暂延迟后爆炸。

合成配方：

岩石碎片×2　　火药×1

解锁途径：

用家园植物果实开出的碎片合成。

罐装手雷

蓄力丢出，手雷会在短暂延迟后爆炸。具备物理特性，遇到方块会反弹。

菠萝手雷

蓄力丢出，手雷会在短暂延迟后爆炸。具备物理特性，遇到方块会反弹。

星站控制台

星站系统的核心方块。两个星站控制台之间通过星链关联。虚空入侵之前，迷拉星人曾通过星链来回穿梭，足迹遍布整个宇宙。右键点击即可开启操作系统；手持星站能源核心，点击星站控制台可激活星站的传送功能。

星站能源核心

蕴藏着创造之力的能源方块。手持该工具点击星站控制台，即可激活星站系统，启动传送功能。

合成配方：

星站能源碎片×4

一级传送舱

右键点击可乘坐。与相邻的已激活的星站控制台相连时，即可乘其到达其他星站。传送舱等级越高，可探索地点的距离越遥远。星站是古代迷拉星人留下的科技遗产，虚空入侵后，各星球上的星站因失去了能源而被废弃。

二级传送舱

右键点击可乘坐。与相邻的已激活的星站控制台相连时，即可乘坐它到达其他星站。乘坐二级传送舱还可前往邻近的星球旅行。

升级元件A型

手持升级元件，右键点击一级传送舱，可将其升级为二级传送舱。

合成配方：

智能芯片×1　钛合金×4　缠丝玛瑙×1
琥珀×1

三角门残片

从三角门中掉落的残片，拥有来自虚空的未知力量。虚空使者曾通过三角门，暴力闯入迷你宇宙的星链网络，并在宇宙中四处掠夺。右键点击使用，可传送至当前星球已激活的星站。

气体提炼装置

放置在地上，添加树叶等氧气材料和燃料，可获得氧气能量。氧气能量槽充满后，将生成范围性氧气区。使用图纸—气体提炼器，在工匠台解锁制作。

合成配方：

星铜石×4　萌眼星石块×8　珍木木板×8
岩石碎片×4

压缩气罐（空）

可放置在气体提炼装置上填充气体。充满气体后，将其破坏可获得装有对应气体的压缩气罐。使用图纸—压缩气罐（空），在工匠台解锁制作。

合成配方：

冰晶×1　秘银×2

压缩气罐（氧气）

将压缩气罐（空）放置在气体提炼装置上填充氧气获得，是制作氧气背包的材料之一。

氧气面罩

使用雀莺羽毛制成的密封性极好的面罩，是在萌眼星旅行必备的装备。装备到头部即可适应萌眼星的缺氧环境。使用期间装备会扣除耐久度，耐久度不足，装备会消失。

合成配方：

雀莺羽毛×1　棉花×2

氧气背包

装备到背部可以持续获得氧气。氧气用光后装备会消失。使用图纸—氧气背包，在工匠台解锁制作。

合成配方：

压缩气罐（氧气）×2　星铜石×1

防火背包
装备到背部可以抵御烈焰星的炎热气候。使用期间装备会扣除耐久度，耐久度不足，装备会**消失**。

合成配方：
焱焱蟹壳×1　软皮革布×2

火箭背包
装备到背部，按跳跃键起飞。使用期间装备会扣除耐久度，耐久度不足，装备会**消失**。

合成配方：
秘银×2　岩浆坩埚×2　星能块×1
火箭弹×2

解锁途径：
用春节福利活动获得的碎片合成。

星球植物培养基
在外星环境中，可以为种植在**迷拉星土块**上的植物提供水分和养分。注意：除此之外，迷拉星生物还需要氧气。

合成配方：
萌眼星草块×1　萌眼星石块×3　瓶装水×1
动物肥料×1

石碑
一块石制的纪念碑，具有装饰作用。

合成配方：
岩石块×6

部落图腾
放置的位置将变成**野人伙伴聚集的地方**，周边 11 格×11 格×5 格的区域将变成野人伙伴的聚集区。

合成配方：
红颜料瓶×1　土砖×3　岩石块×1　琥珀×1

农夫旗帜
放置的位置将变成**野人农夫的工作地点**，周边9格×9格×5格的区域将变成野人农夫固定工作的地方。

合成配方：
白色棉花块×1　黄颜料瓶×1　细果木树枝×3

樵夫旗帜
放置的位置将变成**野人樵夫的工作地点**，周边15格×15格×5格的区域将变成野人樵夫固定工作的地方。

合成配方：
白色棉花块×1　绿颜料瓶×1　细果木树枝×3

守卫旗帜
放置的位置将变成**野人守卫的工作地点**，周边20格×20格的范围将变成野人守卫固定工作的地方。

合成配方：
白色棉花块×1　红颜料瓶×1　细果木树枝×3

瓶装水

对水使用小玻璃瓶获得。使用后将水**倒出**，获得小玻璃瓶。

岩浆坩埚

对岩浆使用坩埚获得。使用后将岩浆**倒出**，获得坩埚。

坩埚

指向对应液体方块，**长按**使用按钮进行收集。可以对**岩浆**使用，获得岩浆坩埚。

合成配方：

钛合金×3　细果木树枝×2　黄铜棍×1

区域复制方块

在长**64格**、宽**64格**、高度不限的长方体顶点各放置一个复制方块后，会出现一个标记区域。确认后可在任意复制方块的相邻位置放置**蓝图工作台**进行后续操作。

合成配方：

红色星能线×4　硅石×2　硫黄岩×2

蓝图工作台

放置在已完成标记的**区域复制方块**相邻位置后，可放入皮革卷轴来制作蓝图图纸。

合成配方：

缠丝玛瑙×3　皮革卷轴×1　细羽毛×1
不完整工匠台×1

测距仪

在直线上放置两个相距不超过**64格**的测距仪，可以测量它们之间的距离。对测距仪使用**扳手**，可以使其显示距离。

合成配方：

红色星能线×1　加速轨道节点×1

编书台

放置后点击可打开书本编辑界面。可以将最多**12张**皮革卷轴合成为**书本**，也可以将书本拆分为多张皮革卷轴。

合成配方：

皮革卷轴×1　秘银×2　不完整工匠台×1

书架

手持**书本**点击**书架**可将其放入。空手点击书架可取出**书本**。在机械上也可以生效。

合成配方：

果木板×4　细果木树枝×4

捕鱼网

对**鱼**使用，可将其变成道具形态。

合成配方：

细果木树枝×2　秘银×1　丝线×3

变蛋枪
对陆地动物使用，可将其变成相应的蛋。使用图纸—缩小技术，在工匠台解锁制作。

合成配方：
星铜石×4　紫荧石×4　星能阻隔器×1

变蛋枪子弹
变蛋枪的专属弹药。

合成配方：
冰晶×1　萌眼星石块×1　星光孢子种子×2

方块复制器
在方块复制器上方放置需要复制的目标方块，再在16格×16格×16格范围内放置另一个方块复制器，两个方块复制器之间的空间会被目标方块填满。

地形编辑器
使用后会进入地形编辑器界面，选择笔刷模式，可以快速对方块进行填充、替换、清除等操作；点击切换模式按钮切换至选区模式，可对一定区域内的方块进行批量操作。此道具在生存模式中无法使用。

一袋砂土
在模型工作台中制造微缩模型时所需的材料。

模型工作台
放置后会生成20格×20格×20格的区域标记。放入一袋砂土，可将标记区域微缩成一个方块的大小。

道具模型工作台
放置后会产生60格×20格×60格的区域标记。放入一袋砂土，将按照标记区域中央的玩家手持的方向，成比例地微缩成道具模型。

生物模型方块
放置在地面后点击，即可开始创作生物模型，可任意设置该生物的外形和属性。生成的生物将加入资源中心。

自定义模型制作器
放置在地面后点击，即可开始创作自定义模型，制作方块、道具、生物。可以使用微缩模型创建模型，编辑任意动作，最后赋予它灵魂。

微缩组合装置
使用后会进入微缩组合界面。可以将选取范围内的方块批量进行微缩，或将范围内的微缩方块进行组合。

空气墙方块

放置后转换生存模式，将形成**不可见且不可通过**的方块区域。

空气墙—不挡子弹

放置后**转换生存模式**，将形成**不可见且不可通过**的方块区域。此空气墙不会阻挡子弹、弓箭等投射物。

空气墙—不挡物理

放置后**转换生存模式**，将形成**不可见且不可通过**的方块区域。此空气墙不会阻挡带有物理特性的道具。

重力手套

在5格范围内，点击具有物理特性的道具，可以将其抓起。可**蓄力**将其发射出去。

秘银剪

对带有物理特性的道具使用，可以将其清除。

物理清除枪

发射能量子弹，可以将击中的具有**物理特性**的物体清除。不需要弹药。

合成配方：

星能产生器×1　　星能阻隔器×1　　秘银×2
炽炎×2

冲击枪

可蓄力发射具有强冲击力的钢珠。

钢珠

具有物理特性，可以将其他**具有物理特性的道具**击飞。需要用冲击枪发射。

桌球

可以**蓄力**丢出。具有**物理特性**，碰到方块会反弹，表面光滑，弹性不强。可以使用**秘银剪**清除。

排球

可以**蓄力**丢出。具有**物理特性**，碰到方块会反弹，表面粗糙，弹性较强。可以使用**秘银剪**清除。

木箱子

可以丢出。具有**物理特性**，碰到方块会反弹，表面粗糙，弹性不强。可以使用**秘银剪**清除。

篮球

使用后，在目标地点会生成一个篮球。具有**物理特性**，碰到方块会反弹。可以使用**剑**清除。

合成配方：

软皮革布×3　　丝线×3　　白颜料瓶×3
黑颜料瓶×1

左侧导航

角色

生物

方块

工具

作物

杂物

足球

使用后，在目标地点会生成一个足球。具有**物理特性**，碰到方块会反弹，表面粗糙，弹性较强。可以使用**剑**清除。

合成配方：

软皮革布×3　丝线×3　白颜料瓶×3
黑颜料瓶×1

篮球衣

手持篮球衣将进入**篮球操作模式**。无球状态下轻点左键为抢断，长按右键为阻挡，轻点空格为盖帽；有球状态下轻点左键为传球，长按右键为投篮，轻点空格为冲刺过人。

合成配方：

丝线×9　白颜料瓶×1　淡蓝颜料瓶×1

足球服

手持足球服将进入**足球操作模式**。无球状态下轻点左键为断球，轻点右键为铲球；有球状态下轻点左键为射门，轻点右键为吊球。均可蓄力。

合成配方：

丝线×9　白颜料瓶×1　淡蓝颜料瓶×1

机械车间

放下后**生成建造区域**，可以将区域内与机械核心连在一起的方块组合生成机械。至于详细规则，请打开机械车间界面，点击左上角的问号进行查看。

合成配方：

秘银×3　炽炎×3　蓝色星能线×3　硅石×3

驾驶座

用于组装机械，可供玩家乘坐并控制机械。驾驶座是**机械核心**，每台机械**必须有且只能有**一个机械核心。

合成配方：

硅石×2　秘银×3　软皮革×4

乘客座

用于组装机械，可供玩家乘坐。

合成配方：

硅石×2　秘银×2　软皮革×4

转向车轮

用于组装机械，具有转向功能。

合成配方：

焦油×3　秘银×3　硅石×1

动力车轮

用于组装机械，可以被引擎驱动。

合成配方：

焦油×3　秘银×3　硅石×1

钢琴

使用后，在目标地点可生成一架钢琴。点击钢琴，就能开始演奏。

动作序列器

用于组装机械。连接星能后，其连接的**转轴方块**、**滑动方块**、**铰链方块**和**液压臂**将会按照设定的顺序执行动作。点击可以打开动作序列设置界面，点击左上角的问号可查看功能说明。

合成配方：
蓝色星能线×4　星能产生器×1　紫荧石×1
秘银×2

铰链方块

用于组装机械。连接星能后旋转面将会旋转，断开星能后方块会恢复至初始状态。处于断开星能状态时，可调整旋转角度和方向。对其使用**扳手**，可切换水平或竖直摆放方向。

合成配方：
转轴方块×1　秘银×2　焦油×2

解锁途径：
用家园植物果实开出的碎片合成。

推进器001型

用于组装机械。连接星能后会从喷口中喷出火焰，产生推力，不过可能会有点不稳定……使用时会发热，过热时需要等待冷却完毕才能继续使用。

航天推进器

用于组装机械，是一种可以改变推力大小，并且不会过热的新型推进器，但是需要**引擎**或**油箱**提供动力。PC端通过空格键增大推力，通过Ctrl键减小推力；移动端通过屏幕上的一对按钮实现对推力大小的控制。

合成配方：
算法器×1　秘银×5　炽炎×5　火种×5

油箱

用于组装机械，增加机械的燃料储量。可以直接向**航天推进器**提供燃料。

合成配方：
焦油×2　秘银×4　硅石×2

机翼

用于组装机械，在机械达到一定速度时产生升力，升力大小与速度和机翼的角度有关。可通过**转轴方块**和**动作序列器**改变角度。

合成配方：
秘银×4　炽炎×2　硅石×2

尾翼

用于组装机械。与运动方向成角度的时候，产生垂直于翼面的阻力，可以通过改变速度和转向翼的角度改变阻力的大小。可通过**转轴方块**和**动作序列器**改变角度，控制飞机的滚转和俯仰等不同飞行动作。

合成配方：
秘银×3　炽炎×3　硅石×2

机械爪

用于组装机械。连接星能后可以抓起任意载具、生物，断开星能后松开。

合成配方：

推拉机械臂×1　秘银×2　硅石×2

解锁途径：

用家园植物果实开出的碎片合成。

喷射塞子

对目标位置使用能发射塞子。若塞子在飞行过程中接触到生物或方块，会将其拉拽至使用者所在的位置。

合成配方：

喷射钩爪×1　巨人核心×1　泡泡糖×3

喷射钩爪

对目标位置使用能发射钩爪。若钩爪在飞行过程中接触到方块，可将使用者拉拽至方块位置。使用图纸—喷射钩爪，在工匠台解锁制作。

合成配方：

星铜石×5　紫荧石×3　重力结晶×3
推拉机械臂×1

液压臂

用于组装机械。连接星能后伸缩面的方块可进行伸缩，断开星能后会保持当前状态。

合成配方：

机械臂×1　秘银×4　焦油×4

解锁途径：

用家园植物果实开出的碎片合成。

连接器

手持时，会显示附近机械的部件连接情况，包括端点和连接线。对某个端点使用可拉出连接线，再对要连接的另一个端点使用，可以为这两个端点对应的部件建立连接。建立连接后，无须通过星能相连就可以实现同时控制的效果。

合成配方：

蓝色星能线×4　加速轨道节点×1
星铜石×1

避震器

用于组装机械，能使物体像弹簧一样弹动。

合成配方：

秘银弹簧×1　秘银×2　硅石×2

解锁途径：

用家园植物果实开出的碎片合成。

燃料引擎

用于组装机械，可以驱动车轮行进，需要消耗燃料。

合成配方：

转轴方块×1　秘银×4　焦油×1

无限引擎

用于组装机械，可以驱动车轮行进，不用消耗燃料。

机械燃油

对装有燃料引擎的机械使用，可为其引擎添加燃料。

合成配方：
石油块×2　　可燃冰×2

航空燃料

对火箭使用，可为其填充燃料。使用图纸—火箭科技，在工匠台解锁制作。

合成配方：
石油块×4

火箭

放置在地面上，填充满航空燃料后可以往返外星。注意：发射时上方有遮挡物会导致火箭爆炸。按住跳跃键可以加快飞行速度。

合成配方：
秘银块×5　　炽炎块×5　　转轴方块×1
感应方块×1　　硫黄晶砂×1

冲天炮

使用后自动装备到背上，向准星方向加速飞行一段时间。飞行时按住跳跃键可以小幅向上加速。

彩带烟花

使用后，会爆出大量彩带。

合成配方：
火药×3　　软皮革×12　　紫红颜料瓶×1
黄颜料瓶×1　　淡蓝颜料瓶×1

晴雨烟花

使用后，会向天空发射绚丽的烟花，并切换附近的晴雨状态。需要提取到存档中使用。

昼夜烟花

使用后，会向天空发射绚丽的烟花，并切换附近的昼夜模式。需要提取到存档中使用。

禁怪烟花

使用后，会向天空发射绚丽的烟花，吓退附近所有怪物，并禁止其再出现。再次使用则会恢复刷新怪物。需要提取到存档中使用。

物理清除烟花

使用后，会向天空发射绚丽的烟花，清除视野范围内所有具有物理特性的道具。需要提取到存档中使用。

喷花烟花

放置在地面上，用点火器点燃后会喷出火花。

合成配方：
火药×1　　软皮革×4　　细沙块×2

解锁途径：
用春节福利活动获得的碎片合成。

角色　生物　方块　**工具**　作物　杂物

星能

最基础的星能道具是产生星能的星能块和传导星能的星能线。每个星能道具的功能都不复杂，而星能系统的精妙之处是星能道具之间的配合联动，只要用正确的方式组合，就能产生千变万化的效果。

角色 生物 方块 **工具** 作物 杂物

星能块

放置后可以持续输出星能信号。可以在机械上生效。

合成配方：
蓝色星能线×10

花纹星能块

放置后可以持续输出星能信号。可以在机械上生效。

合成配方：
星能块×1　　秘银×2

解锁途径：
用家园植物果实开出的碎片合成。

星能产生器

放置后可以持续输出星能信号。可以在机械上生效。

合成配方：
蓝色星能线×3　　黄铜×1

蓝色星能线

可以传导星能信号，可以相互连接，但不能与红色星能线互连。对其使用扳手，会显示通过的星能信号强度。可在秘银炉中加工成红色星能线。可以在机械上生效。

合成配方：
星能块×1

红色星能线

可以传导星能信号，可以相互连接，但不能与蓝色星能线互连。对其使用扳手，会显示通过的星能信号强度。在秘银炉中煅烧蓝色星能线获得。可以在机械上生效。

星能信号灯

放置后，接收到星能信号会发光。

合成配方：
透明玻璃块×2　　蓝色星能线×1

开关

拉下可持续输出星能信号。可以在机械上生效。

合成配方：
细果木树枝×3　　岩石台阶×1

扳手

对某些星能元件方块使用，可以改变方块的模式。

合成配方：
秘银×3　　硅石×2

普通按钮

按一下产生一次星能信号。只能放置在方块侧面。会在短时间内复位。对其使用扳手，可将其切换至脉冲信号模式，按一定频率自动输出星能信号。

合成配方：
岩石×1　　尖锐的石头×2

触碰按钮

按一下产生一次星能信号。只能放置在方块侧面，能检测到挤压。对其使用扳手，可将其切换至脉冲信号模式，按一定频率自动输出星能信号。

合成配方：
果木板×1　粗果木树枝×1

普通感压板

放置后受到非道具压力时，会产生星能信号。

合成配方：
岩石×1　普通按钮×1

触碰感压板

放置后受到任何压力时，均会产生星能信号。可以在机械上生效。

合成配方：
果木板×1　触碰按钮×1

生物感压板

放置后仅受到生物压力时（无法检测到角色压力），会产生星能信号。

合成配方：
竹板×1　蓝色星能线×1

沙砖感压板

放置后受到非道具压力时，会产生星能信号。

合成配方：
沙砖×1　普通按钮×1

秘银弹簧

接收到星能信号，会弹开前方的方块。可以在机械上生效。

合成配方：
果木板×3　秘银×4　蓝色星能线×1
触碰感压板×1

炽炎弹簧

弹力比秘银弹簧更强。接收到星能信号，会弹开前方的方块。

合成配方：
岩石×3　炽炎×4　蓝色星能线×1
普通感压板×1

触碰方块

接触到角色、生物、球时，会连接星能，并将星能信号传递给周围的同种方块。

合成配方：
触碰感压板×1　蓝色星能线×3

生物触碰方块

接触到生物、球时，会连接星能，并将星能信号传递给周围的同种方块。

合成配方：
生物感压板×1　蓝色星能线×3

球触碰方块

接触到球时，会连接星能，并将星能信号传递给周围的同种方块。

合成配方：
蓝色星能线×3

物理触碰方块

接触到具有物理特性的道具时，会连接星能，并将星能信号传递给周围的同种方块。放置后再次点击，可以**存入**具有物理特性的道具，并使自身及周围的同种方块只检测存入的道具。可以用**扳手**切换到载具触发模式，只检测机械，并可将**队伍信息**随星能信号传递。

感应方块

可检测**周围**方块的变化情况，当周围方块发生变化时，会输出星能信号。放置后再次点击，可以打开存储空间。若存储空间内有方块，则只会检测**储存空间的方块**的变化情况。

合成配方：
星能比较器×1　缠丝玛瑙×1　秘银×2
蓝色星能线×1

红外感应方块

能够检测到**一定距离内**的物体，并输出星能信号。放置后再次点击，可以调节检测距离，也可以单独检测放入内部空间的方块、生物蛋。可以在机械上生效。

合成配方：
星能比较器×1　红色星能线×1　秘银×2
曙光石块×1

巨人核心

在萌眼星击败**远古巨人**后，砸碎陶罐掉落。接收星能信号时会**发射激光**，激光击中方块会产生星能信号。对其使用**扳手**，可以改变激光的长度。接收到的星能信号强度会影响激光的长度。

篮筐方块

篮球从上往下穿过篮筐时，篮筐方块会连接星能，并将星能信号传递给周围的方块。

刷怪方块

接收星能信号时会**按照设定的规则刷新怪物**。放置后再次点击，可以打开设定界面，设置刷新怪物的规则。

星能阻隔器

将输入的星能信号**减半**后输出，可以在机械上生效。

合成配方：
灰砂×1　蓝色星能线×1　红色星能线×2

星能增幅器

放置在星能装置中可以**增强星能信号**。可以调节星能信号输出间隔，每变暗1格，间隔时间增加0.1秒。可以在机械上生效。

合成配方：
蓝色星能线×3　岩石×3

星能比较器

比较模式：比较输入的星能信号，后端星能强度≥侧端星能强度时才会输出星能信号。

随机模式：只有后端存在星能信号时，输出端才会输出随机强度的星能信号；若侧端和后端同时存在星能信号，输出端会在几个信号中**随机选取**进行输出。对其使用**扳手**，可切换输入模式。可以在机械上生效。

合成配方：
蓝色星能线×3　岩石×3　硅石×1

100

星能展台

展台展示的道具发生变化时，会向下发射星能信号。

合成配方：

星能块×1　炽炎×3　透明玻璃块×4

星能振荡器

接收到星能信号，会向周围的方块发射一次星能脉冲，试着用扳手敲击它吧。可使用图纸—星能振荡器制作。

合成配方：

沙砖×1　秘银×3　星能产生器×1

信号发生器

使用图纸—无线装置，在工匠台解锁制作。接收星能信号后会向32格×32格×32格范围内发射对应频道的星能信号，若范围内有对应频道的信号接收器，则可向其传输无线星能信号。放置后再次点击可以切换频道，最多8个频道。发生滑动时信号会中断。可以在机械上生效。

合成配方：

星能产生器×1　蓝色星能线×8　紫荧石×1
萌眼星石块×4

信号接收器

使用图纸—无线装置，在工匠台解锁制作。当32格×32格×32格范围内有通上星能的对应频道的信号发生器时，会接收无线星能信号并充能。放置后再次点击可以切换频道，最多8个频道。

合成配方：

蓝色星能线×8　紫荧石×1　萌眼星石块×4

信号解析器

使用图纸—序列技术，用创造锤解锁后即可制作。可接收星能信号并解析指令芯片，使32格×32格×32格范围内对应频道的信号接收器能接收到星能信号。发生滑动时信号会中断。

合成配方：

星能块×1　紫荧石×1　星铜石×1
萌眼星石块×4

收集传输器

可以对大口径端对准的物品进行收集，并传输到小口径端。对其使用扳手，可以调整方向。可以在机械上生效。

合成配方：

炽炎×2　蓝色星能线×1　开关×1
秘银×2

算法器

能将后端输入的星能信号与左右两端输入的星能信号进行加减运算后输出。放置后再次点击，可以切换加减模式。可以在机械上生效。

合成配方：

蓝色星能线×3　硅石×1　炽炎×1　岩石×2

光照感应器

能够检测光照，并输出星能信号。放置后再次点击，可以打开设置界面调节参数。对其使用扳手，可切换为高度检测模式和速度检测模式。

合成配方：

星能比较器×1　蓝色星能线×1　秘银×2
火种×2

指令芯片

点击可打开设定界面编写指令。设置完毕后，需经信号解析器解析才可生效。

合成配方：

紫荧石×1　聚合物×1　蓝色星能线×2

机械臂

连接星能，机械臂会推出1格；断开星能，机械臂会收回。在断开星能状态下对其使用扳手，可以切换至信号模式，此模式下星能信号强度决定推出的格数。推出过程中若遇到方块，则会推开方块。

合成配方：

果木板×2　细果木树枝×3　秘银×3
红色星能线×1　蓝色星能线×1

推拉机械臂

连接星能，机械臂会推出1格；断开星能，机械臂会收回。在断开星能状态下对其使用扳手，可以切换至信号模式，此模式下星能信号强度决定推出的格数。推出过程中若遇到方块，则会抓住方块。

合成配方：

焦油×1　机械臂×1　秘银×2
细果木树枝×4

投掷装置

接收到星能信号，会将上方物体投掷出去，星能信号强度决定投掷力度。

合成配方：

桃花木×6　竹子×4　炽炎弹簧×2
丝线×3　蓝色星能线×6

发射装置

接收到星能信号，会发射并使用道具。放置后再次点击，可以打开物品填充界面放置道具。对其使用扳手，可切换至投掷模式，此模式下会将物品以道具形式发射出来。可以在机械上生效。

合成配方：

秘银×7　炽炎弹簧×1　星能块×1

地刺陷阱

连接星能，会伸出尖刺并造成伤害；断开星能，尖刺会收回。可以在机械上生效。

合成配方：

竹板×3　空心竹竿×9　秘银×3
蓝色星能线×1

轨道节点

用来铺设过山车的轨道，两个轨道节点间的长度限制为15格。放置轨道节点时，节点之间会显示引导线。放置下一个节点后，两个节点之间会自动生成轨道。切换道具时，可取消引导线。

合成配方：

秘银×2　岩石块×2

加速轨道节点

用来铺设过山车轨道，两个加速轨道节点间的长度限制为15格。接收星能信号后，可以使通过的过山车加速。放置轨道节点时，节点之间会显示引导线。放置下一个节点后，两个节点之间会自动生成轨道。切换道具时，可取消引导线。

合成配方：

秘银×2　炽炎×1　蓝色星能线×1

过山车头

只能放置在**轨道节点**上，并只能在轨道上行驶。可以搭载玩家。

合成配方：
秘银×5　果木板×5　荧光晶块×2

过山车厢

只能放置在**轨道节点**上，并只能在轨道上行驶。对车头或车厢使用，可与其**连接**。可以搭载玩家。

合成配方：
秘银×5　　果木板×1

标记器（－）

被**滑动方块**吸引后，会带动与**标记器（＋）**之间的方块一起运动，最多可带动256块方块。可以在机械上生效。

合成配方：
秘银×4　　蓝色星能线×4

标记器（＋）

被**滑动方块**吸引后，会带动与**标记器（－）**之间的方块一起运动，最多可带动256块方块。可以在机械上生效。

合成配方：
秘银×4　蓝色星能线×4　星能产生器×1

滑动方块

连接星能，滑动方块的"＋"面会吸引**标记器（＋）**；断开星能，会吸引**标记器（－）**。运动过程中会带动两个标记器之间的方块做直线运动。如出现故障，可以破坏滑动方块，重新放置。对某些自然生成的方块不起作用。可以在机械上生效。

合成配方：
焦油×3　秘银×5　推拉机械臂×1

转轴方块

连接星能，旋转面的方块将会进行旋转；断开星能，会恢复至初始状态。放置后即处于断开星能状态，再次点击可调整**旋转角度**。断开星能状态下对其使用**扳手**，可调整**旋转方向**。对某些自然生成的方块不起作用。可以在机械上生效。

合成配方：
推拉机械臂×1　焦油×1　缠丝玛瑙×5

低音块

放到其他音乐方块下可以改变其**音调**。放置后再次点击，可以切换**音高**。可以在机械上生效。

合成配方：
蓝色星能线×4　软皮革×4　缠丝玛瑙×1

中音块

放到其他音乐方块下可以改变其**音调**。放置后再次点击，可以切换**音高**。可以在机械上生效。

合成配方：
蓝色星能线×4　软皮革×3　缠丝玛瑙×1
秘银×1

高音块
放到其他音乐方块下可以改变其**音调**。放置后再次点击，可以切换**音高**。可以在机械上生效。

合成配方：
蓝色星能线×4　软皮革×3　缠丝玛瑙×1
炽炎×1

非循环—电子
连接星能即可**播放**，断开星能则停止。放置后再次点击，可以切换**乐段**。可以在机械上生效。

合成配方：
蓝色星能线×4　软皮革×4　缠丝玛瑙×1

乐器—鼓
连接星能后可演奏，底下放低、中、高音块可以**变调**。放置后再次点击，可以切换**音色**。可以在机械上生效。

合成配方：
蓝色星能线×4　软皮革×4　琥珀×1

循环—鼓
连接星能即可**循环播放**，重新连接星能则停止。放置后再次点击，可以切换**乐段**。可以在机械上生效。

合成配方：
蓝色星能线×4　软皮革×4　曙光石粉×1

乐器—电子
连接星能后可演奏，底下放低、中、高音块可以**变调**。放置后再次点击，可以切换**音色**。可以在机械上生效。

合成配方：
蓝色星能线×4　软皮革×3　琥珀×1
秘银×1

循环—电子
连接星能即可**循环播放**，重新连接星能则停止。放置后再次点击，可以切换**乐段**。可以在机械上生效。

合成配方：
蓝色星能线×4　软皮革×3　曙光石粉×1
秘银×1

乐器—综合
连接星能后可演奏，底下放低、中、高音块可以**变调**。放置后再次点击，可以切换**音色**。可以在机械上生效。

合成配方：
蓝色星能线×4　软皮革×3　琥珀×1
炽炎×1

循环—氛围
连接星能即可**循环播放**，重新连接星能则停止。放置后再次点击，可以切换**乐段**。可以在机械上生效。

合成配方：
蓝色星能线×4　软皮革×3　曙光石粉×1
炽炎×1

装备

迷你世界的装备可大致分为穿戴型（防具）和手持型（武器、工具）两类，根据制作材料的不同分为几个等级。稀有矿石能用来制作更高级的装备。而牛仔左轮、冲锋枪等装备在生存模式中无法获得。

皮头盔
物理防御+1，最基础的护甲，防御力较低。

合成配方：
软皮革×5　　果木板×1

黄铜胸甲
物理防御+6，常用的物理防御装备。

合成配方：
黄铜×8　　软皮革×2

皮胸甲
物理防御+2，最基础的护甲，防御力较低。

合成配方：
软皮革×8　　果木板×1

黄铜护腿
物理防御+6，常用的物理防御装备。

合成配方：
黄铜×7　　软皮革×2

皮护腿
物理防御+2，最基础的护甲，防御力较低。

合成配方：
软皮革×7　　果木板×1

黄铜靴子
物理防御+3，常用的物理防御装备。

合成配方：
黄铜×4　　软皮革×2

皮靴子
物理防御+1，最基础的护甲，防御力较低。

合成配方：
软皮革×4　　果木板×1

秘银头盔
物理防御+6，升级版的物理防御装备。

合成配方：
秘银×5　　黄铜×3　　软皮革×2

黄铜头盔
物理防御+3，常用的物理防御装备。

合成配方：
黄铜×5　　软皮革×2

秘银胸甲
物理防御+9，升级版的物理防御装备。

合成配方：
秘银×8　　黄铜×3　　软皮革×2

秘银护腿
物理防御+9，升级版的物理防御装备。

合成配方：
秘银×7　黄铜×3　软皮革×2

链甲靴子
物理防御+6，远程防御+17，能抵御更多远程武器的伤害。

合成配方：
缠丝玛瑙×4　秘银×3　软皮革×2

秘银靴子
物理防御+6，升级版的物理防御装备。

合成配方：
秘银×4　黄铜×3　软皮革×2

钛金头盔
物理防御+10，元素防御+3，能抵御更多元素类的伤害，比如火焰伤害。

合成配方：
钛合金×5　秘银×3　软皮革×2

链甲头盔
物理防御+6，远程防御+17，能抵御更多远程武器的伤害。

合成配方：
缠丝玛瑙×5　秘银×3　软皮革×2

钛金胸甲
物理防御+12，元素防御+4，能抵御更多元素类的伤害，比如火焰伤害。

合成配方：
钛合金×8　秘银×3　软皮革×2

链甲胸甲
物理防御+9，远程防御+21，能抵御更多远程武器的伤害。

合成配方：
缠丝玛瑙×8　秘银×3　软皮革×2

钛金护腿
物理防御+12，元素防御+4，能抵御更多元素类的伤害，比如火焰伤害。

合成配方：
钛合金×7　秘银×3　软皮革×2

链甲护腿
物理防御+9，远程防御+21，能抵御更多远程武器的伤害。

合成配方：
缠丝玛瑙×7　秘银×3　软皮革×2

钛金靴子
物理防御+9，元素防御+3，能抵御更多元素类的伤害，比如火焰伤害。

合成配方：
钛合金×4　秘银×3　软皮革×2

钨金头盔
物理防御+15，人气极高的物理防御装备。

合成配方：
钨金×5　紫荧石×1　软皮革×2

秘银披风
移动速度+3%，精致的秘银披风。

合成配方：
白颜料瓶×1　秘银×3　皮披风×1

钨金胸甲
物理防御+18，人气极高的物理防御装备。

合成配方：
钨金×8　紫荧石×1　软皮革×2

棉棉披风
移动速度+3%，温暖的棉披风，能消除积雪带来的寒冷伤害。

合成配方：
红颜料瓶×1　白色棉花块×3　皮披风×1

钨金护腿
物理防御+18，人气极高的物理防御装备。

合成配方：
钨金×7　紫荧石×1　软皮革×2

防沙披风
移动速度+3%，可以抵御沙尘暴的披风。

合成配方：
胡杨叶×4　软皮革布×1

钨金靴子
物理防御+14，人气极高的物理防御装备。

合成配方：
钨金×4　紫荧石×1　软皮革×2

炽炎披风
移动速度+6%，精致的炽炎披风。

合成配方：
黄颜料瓶×1　炽炎×3　皮披风×1

皮披风
移动速度+2%，简单的皮革制披风。

合成配方：
软皮革布×7

缠丝玛瑙披风
移动速度+6%，精致的缠丝玛瑙披风。

合成配方：
白颜料瓶×1　缠丝玛瑙×3　皮披风×1

角色
生物
方块
工具
作物
杂物

钨金披风
移动速度+6%，精致的钨金披风。

合成配方：
紫荧石×1　钨金×3　皮披风×1

熔岩披风
掉落伤害-150，华贵、霸气的披风，穿戴后自动获得龙之缓落附魔。击败混乱黑龙后，在工匠台中解锁制作。

合成配方：
皮披风×1　熔岩之心宝石×1

花冠
物理防御+1，戴在头上花香四溢，很容易获得昆虫的青睐，但由于是花朵制成的，非常脆弱，无法作为一般防具使用。消耗任意三朵花即可合成花冠。

合成配方：
任意花朵×3

木棒
近战伤害+10，基础的近战武器。

合成配方：
果木×2

尖尖碰碰锤
近战伤害+10，木棒上绑着仙人掌，被捶到一定会血流不止，请谨慎使用。

合成配方：
木棒×1　仙人掌茎×1　绳子×2

石矛
近战伤害+15，近战武器，可蓄力投掷，捡回后可重复使用。

合成配方：
尖锐的石头×2　细果木树枝×2

突刺长枪
近战伤害+20，易磨损的近战武器，蓄力投掷，可击飞前方垂直方向上的多个敌人。

合成配方：
黄铜×3　细果木树枝×4

秘银短弓
基础伤害+25，基础的远程武器，每次攻击消耗1支石箭。实际伤害与蓄力程度有关。

合成配方：
秘银×2　软皮革×1　丝线×2

石箭
基础伤害+15，需要使用秘银短弓发射。

合成配方：
石子×4　细果木树枝×4　细羽毛×2

短剑
近战伤害+30，比较坚固的近战武器。

合成配方：
秘银×3　细果木树枝×2

钛金战锤

近战伤害+30，蓄力猛捶地面，可以将打击范围内的敌人击飞并造成伤害。

合成配方：
钛合金×6　细果木树枝×4　缠丝玛瑙×1

收割者

近战伤害+40，蓄力挥出，可以横扫面前的敌人，并对其造成伤害。

合成配方：
钛合金×6　细果木树枝×4　缠丝玛瑙×2

能量剑

近战伤害+45，极其坚固的近战武器。蓄力发动向前的闪现技能，可对碰到的敌人造成伤害。

合成配方：
钨金×2　紫荧石×1　黄铜棍×1

杖杆

结实的乔木法杖，可以与晶核结合，制成强力的法杖。

合成配方：
雨林乔木×1　星光粉尘×9

平凡法杖

平平无奇的法杖，可以发射法球。

合成配方：
杖杆×1　平凡晶核×1

炽烈法杖

被赋予火焰力量的法杖，可以发射烈焰法球。

合成配方：
杖杆×1　炽烈晶核×1

雷电法杖

被赋予雷电力量的法杖，可以召唤雷电。

合成配方：
杖杆×1　雷电晶核×1

淬毒法杖

被赋予剧毒效果的法杖，可以发射带毒的法球。

合成配方：
杖杆×1　淬毒晶核×1

复苏法杖

被赋予恢复效果的法杖，击中其他生物，可以为自己恢复生命值。

合成配方：
杖杆×1　复苏晶核×1

弦月魔法棒

近战伤害+20，巴啦啦奇迹舞步系列中魔仙小蓝的道具，可以施展高级巴啦啦能量魔仙变身魔法——卡多啦沙多啦。

合成配方：
平凡晶核×1　钛合金×1　黄颜料瓶×1

解锁途径：
弦月魔法棒碎片×10

星翼魔法棒（蓝）

近战伤害+20，巴啦啦奇迹舞步系列中小魔仙凌美琪的道具，可以施展高级巴啦啦能量小魔仙变身魔法——乌卡拉卡。

合成配方：

平凡晶核×1　　钛合金×1　　蓝颜料瓶×1

解锁途径：

星翼魔法棒（蓝）碎片×10

公主魔法绘本

近战伤害+28，巴啦啦飞越彩灵堡系列中小魔仙彩俐公主的道具，可以施展高级巴啦啦能量小魔仙变身魔法——卡莱七彩呈现。

合成配方：

平凡晶核×1　　钛合金×1　　小彩蛋×1

解锁途径：

公主魔法绘本碎片×10

星翼魔法棒（红）

近战伤害+20，巴啦啦奇迹舞步系列中小魔仙凌美雪的道具，可以施展高级巴啦啦能量小魔仙变身魔法——乌卡拉卡。

合成配方：

平凡晶核×1　　钛合金×1　　红颜料瓶×1

解锁途径：

星翼魔法棒（红）碎片×10

魔法调色盘（红）

近战伤害+20，巴啦啦飞越彩灵堡系列中小魔仙施巧灵的道具，可以施展高级巴啦啦能量小魔仙变身魔法——召唤红色魔法。

合成配方：

平凡晶核×1　　钛合金×1　　红颜料瓶×1

解锁途径：

魔法调色盘（红）碎片×10

魔仙剑

近战伤害+35，巴啦啦奇迹舞步系列中游乐王子的道具，是魔仙堡赫赫有名的强大武器，可以施展巴啦啦能量魔仙变身魔法——古拉卡。用魔仙剑施展的魔法威力更强大。

合成配方：

平凡晶核×1　　钛合金×2　　细果木树枝×1

解锁途径：

魔仙剑碎片×10

魔法调色盘（黄）

近战伤害+20，巴啦啦飞越彩灵堡系列中小魔仙殷小敏的道具，可以施展高级巴啦啦能量小魔仙变身魔法——召唤黄色魔法。

合成配方：

平凡晶核×1　　钛合金×1　　黄颜料瓶×1

解锁途径：

魔法调色盘（黄）碎片×10

弹弓

基础伤害＋10，远程武器，每次攻击消耗1颗石子。

合成配方:
丝线×2　软皮革×1　细果木树枝×3

解锁途径:
用家园植物果实开出的碎片合成。

石子

基础伤害＋5，需要使用弹弓发射。

合成配方:
尖锐的石头×1

吹箭筒

基础伤害+5，远程武器，每次攻击消耗1个蜂刺飞镖。

合成配方:
空心竹竿×2　丝线×1

蜂刺飞镖

基础伤害+5，击中目标会使其头部肿大，并附带中毒效果。需要使用吹箭筒发射。

合成配方:
空心竹竿×1　蜂刺×1　细羽毛×1

回旋镖

用野人祭司掉落的骨头制成的武器，飞出后会自动回到手中。

合成配方:
巫骨×2　炽炎×5

弩

基础伤害＋30，远程武器，每次攻击消耗3支石箭。

合成配方:
钨金×1　秘银×2　果木板×3　秘银短弓×1

解锁途径:
用家园植物果实开出的碎片合成。

龙骨弓

基础伤害+30，内部流淌着爆炸性的能量。可以使用兽骨修补，增加耐久度。击败熔岩黑龙后，在工匠台解锁制作。

合成配方:
龙骨×3　丝线×9

脉冲弓

基础伤害＋35，远程武器，每次攻击消耗1支脉冲箭。

合成配方:
巨人核心×1　紫荧石×3　重力结晶×3
秘银短弓×1

解锁途径:
用家园植物果实开出的碎片合成。

脉冲箭

基础伤害+15，击中方块会使其弹射，需要使用脉冲弓发射。

合成配方:
石箭×4　蓝色星能线×1

冲锋枪

基础伤害+20，射速非常快，弹夹容量为15，弹药为子弹。

角色
生物
方块
工具
作物
杂物

111

重机枪

基础伤害+20，弹夹容量为100，杀伤力强，弹药为子弹。

牛仔左轮

基础伤害+30，弹夹容量为5，弹药为子弹。

狙击枪

基础伤害+100，使用时可以切换开镜模式，弹夹容量为6，弹药为子弹。

子弹

基础伤害+15，需要使用枪械发射。

火箭筒

远程武器，每次攻击消耗1枚火箭弹。

合成配方：
钨金×1　炽炎弹簧×1　秘银×2

解锁途径：
用活动获得的碎片合成。

火箭弹

发射后接触到生物或方块会发生爆炸，威力巨大，需要使用火箭筒发射。

合成配方：
秘银×5　蓝色星能线×1　火药×1

荧光弹弓

基础伤害+5，远程武器，每次攻击消耗1枚荧光弹。

合成配方：
珍木木板×4　丝线×2　软皮革布×1

解锁途径：
用家园植物果实开出的碎片合成。

荧光弹

近战伤害+5，打中方块会使其在一段时间内发光，打中生物会为其附加荧光效果。需要使用荧光弹弓发射。

合成配方：
荧光彩色草×2　萌眼星石块×1　聚合物×1

冰锥

向目标位置蓄力扔出，若命中生物，可使其移动速度降低，若命中方块，可生成冰块。

合成配方：
冰晶×2　萌眼星石块×1

解锁途径：
用家园植物果实开出的碎片合成。

熔岩球

向目标位置蓄力扔出，若命中生物，可将其击飞，并使其进入灼烧状态。

合成配方：
聚合物×2　硫黄岩×2

解锁途径：
用家园植物果实开出的碎片合成。

黑龙熔岩球

向目标位置扔出，若命中方块，可生成岩浆。

合成配方：
聚合物×1　岩浆坩埚×1　火药×1

解锁途径：
用家园植物果实开出的碎片合成。

黑龙混乱球

向目标位置扔出，可召唤1名拥有分裂箭技能的混乱弓手。

合成配方：
重力结晶×1　火种×1　火药×1

解锁途径：
用家园植物果实开出的碎片合成。

石斧

近战伤害+8，伐木工具，可以更快地砍伐树木。

合成配方：
细果木树枝×3　尖锐的石头×3

黄铜斧

近战伤害+12，伐木工具，可以更快地砍伐树木。

合成配方：
细果木树枝×3　黄铜×3

秘银斧

近战伤害+16，伐木工具，对树木使用可以砍掉目标木块及上下相邻的两个木块。

合成配方：
细果木树枝×3　秘银×3

钛合金斧

近战伤害+20，伐木工具，对树木使用可以砍掉整棵树。

合成配方：
细果木树枝×3　钛合金×3

链锯

近战伤害+25，伐木工具，对树木蓄力后使用，可以砍掉整棵树。

合成配方：
钨金×2　秘银×4　蓝色星能线×2　紫荧石×1

石镐

近战伤害+8，开采工具，可以更快地开采矿石。

合成配方：
细果木树枝×3　尖锐的石头×3

黄铜镐

近战伤害+12，开采工具，可以更快地开采矿石。

合成配方：
细果木树枝×3　黄铜×3

秘银镐

近战伤害+16，开采工具，对石头类方块使用，可开采目标石块及其上下相邻的两个石块。

合成配方：

细果木树枝×3　　秘银×3

石铲

近战伤害+4，挖掘工具，可以更快地挖掘泥沙类方块。对土块或草块使用，可挖出土坑。

合成配方：

细果木树枝×3　　尖锐的石头×3

钛合金镐

近战伤害+20，开采工具，对石头类方块使用，可以开采目标石块周围3格×3格×3格的立方体区域内的石块。

合成配方：

细果木树枝×3　　钛合金×3

黄铜铲

近战伤害+6，挖掘工具，可以更快地挖掘泥沙类方块。对土块或草块使用，可挖出土坑。

合成配方：

细果木树枝×3　　黄铜×3

钻头

近战伤害+25，采矿工具，蓄力后，可敲掉以目标石块为中心的3格×3格×1格的区域内的石块。

合成配方：

钨金×3　秘银×4　蓝色星能线×3　紫荧石×1

秘银铲

近战伤害+8，挖掘工具，可以更快地挖掘泥沙类方块。对土块或草块使用，可挖出土坑。

合成配方：

细果木树枝×3　　秘银×3

星铜钻头

近战伤害+25，采矿工具，蓄力后，可敲掉前方一列石块。

合成配方：

星铜石×5　蓝色星能线×2　珍木木板×2
萌眼星石块×2

钛合金铲

近战伤害+10，挖掘工具，可以一次挖掘直线6格范围的泥沙类方块。对土块或草块使用，可挖出土坑。

合成配方：

细果木树枝×3　　钛合金×3

钨金铲
近战伤害 +12，挖掘工具，挖掘泥沙类方块的速度特别快。对土块或草块使用，可挖出土坑。还可以用来开采藏在**烈焰星岩浆下面**的硫黄晶砂。

合成配方：
钨金×3　　紫荧石×1　　黄铜棍×1

钛合金耙
近战伤害+15，种植工具。对土块或草块使用，可使其变为耕地。对成熟的农作物使用，可将其收获，作用范围为5格×5格的平面区域。

合成配方：
细果木树枝×3　　钛合金×3

石耙
近战伤害+6，种植工具。对土块或草块使用，可使其变为耕地。对成熟的农作物使用，可将其收获。

合成配方：
细果木树枝×3　　尖锐的石头×3

钨金耙
近战伤害+20，种植工具。对土块或草块使用，可使其变为**耕地**。对成熟的农作物使用，可将其收获，作用范围为3格×3格的平面区域。对空的耕地使用，可将背包中的**玉米的种子**进行**播种**，作用范围为3格×3格的平面区域。

合成配方：
钨金×3　　紫荧石×1　　黄铜棍×1

黄铜耙
近战伤害+9，种植工具。对土块或草块使用，可使其变为耕地。对成熟的农作物使用，可将其收获。

合成配方：
细果木树枝×3　　黄铜×3

召唤法杖
传说中的法杖，对准方块使用技能，可以召唤**沙灵守卫**为之一战。

合成配方：
杖杆×1　　召唤晶核×1

秘银耙
近战伤害+12，种植工具。对土块或草块使用，可使其变为耕地。对成熟的农作物使用，可将其收获，作用范围为3格×3格的平面区域。

合成配方：
细果木树枝×3　　秘银×3

剧毒瓶
装有剧毒液体的玻璃瓶。

合成配方：
毒囊×2　　小玻璃瓶×1

角色
生物
方块

工具

作物
杂物

解毒粉包

蓄力丢出,砸中生物或方块后会炸开,清除11格×11格×5格范围内所有生物身上的毒素,也可对毒尾蝎造成持续伤害。

合成配方:
胡杨泪×1　软皮革×2　绳子×1　火药×1

蝎壳盾

用坚硬蝎壳制作的盾牌,坚硬无比,可抵挡身前70%的伤害。安全感满满。

合成配方:
黄铜×2　坚硬蝎壳×2　石英砂×3

液化剂

古老传说中的神奇药剂,蓄力丢出,可以将一些方块变成液体。

合成配方:
元素核碎片×1　瓶装水×1　仙人掌花×2

蝎刺盾

用蝎壳盾加蝎尾制作的盾牌,可抵挡身前70%的伤害,还可以攻击敌人,使其中毒,攻守兼备。

合成配方:
蝎壳盾×1　蝎尾×2　毒囊×3

音爆罐子

威力惊人的爆炸罐,蓄力丢出,被击中的人会眩晕。

合成配方:
秘银×1　鸡嘴×1　蓝色星能线×1

沙之咆哮

威力巨大的酷炫手炮,弹药为沙球,发射出的沙球基础伤害+40。击败沙原领主获得。

喷漆罐

对方块使用,喷漆图案会覆盖在方块上。点击当前图案按钮可以选择喷漆图案。

小贴士

除了普通装备,迷你世界中也有像尖尖碰碰锤、吹箭筒等这类拥有特殊效果的装备。使用家园植物果实开出的碎片,能解锁诸如脉冲弓、熔岩球等强力装备。

玩法

这类道具在生存模式中无法获得，可在开发者模式中编辑地图时打开背包直接使用。由于效果特殊，它们主要用来给开发者制作各种玩法地图。

准备点

在开发者模式中编辑地图时可以使用。放置后，进入试玩时玩家会首先出现在这里，并进入准备阶段，准备时间结束后再被传送到集合点开始游戏。

公共初始集合点

在开发者模式中编辑地图时可以使用。放置后，进入试玩时玩家会固定出现在这里。可使用扳手切换成队伍初始集合点。

公共集合点

可以使用扳手切换成队伍集合点。激活后，可以设置对应队伍。

个人集合点

使用右键激活后，可设定个人再次挑战的地点。

传送点核心方块

放置多个传送点核心方块，可以打开界面自由设定传送的路线。需要连接星能才能激活。可以在机械上生效。

传送点方块

放置在传送点核心方块相邻位置，可以与其一同构成传送区域。

手持式编辑器

PC版对方块或生物点击右键，会出现详细编辑界面，可以快速编辑选中的方块或生物的属性。

初始道具补给箱

存入的道具将会成为玩家进入游戏时携带的道具。

再次挑战补给箱

存入的道具将会成为玩家再次挑战时携带的道具。

随机补给罐

在开发者模式中编辑地图时可以使用。放置后再次点击可以存放多个道具，随后在试玩时打开，会随机获得其中一个。

闪星方块

进入试玩时，吃掉它可以得分。

闪星奖杯

进入试玩时，破坏它可以得分，它会在 10 秒后恢复原样。可以用来制作对战地图的争夺点。

得分方块

连接星能时，会给对应颜色的队伍加1分。点击可以切换队伍的颜色。可以在机械上生效。

自定义视角

进入自定义视角界面，可自由移动并调整视角。测试并保存后，可创造出不同视角的玩法。

停止路径牌

生物走到该路径牌处会停止，进入试玩时该路径牌隐藏。

前进路径牌—公共

放置后，再次使用可以转向。生物会按照路径牌指示的方向前进，进入试玩时该路径牌隐藏。

前进路径牌—1队

只对1队生物生效的路径牌。进入试玩时该路径牌隐藏。

前进路径牌—2队

只对2队生物生效的路径牌。进入试玩时该路径牌隐藏。

前进路径牌—3队

只对3队生物生效的路径牌。进入试玩时该路径牌隐藏。

前进路径牌—4队

只对4队生物生效的路径牌。进入试玩时该路径牌隐藏。

前进路径牌—5队

只对5队生物生效的路径牌。进入试玩时该路径牌隐藏。

前进路径牌—6队

只对6队生物生效的路径牌。进入试玩时该路径牌隐藏。

跳舞厅

这是一个音乐游戏道具，放置后，可以设置游戏区域和参与者奖励，转为生存模式后，即可开启音游跳舞玩法。

急救包

加入了草药和急救绷带的医疗用品组合，可以治疗受伤的野人伙伴。对自己使用可恢复30点生命值。

合成配方：

风铃花×1　　白色棉花块×1

植物

迷你世界里的植物包括树木、花朵、种子、农作物等，其中树木又包含树叶、树枝、树干等子类别。这些植物广泛存在于迷你世界的空岛、森林、雨林、沙漠等多种生态环境中。

果木树叶
果木的树叶，可以用作篝火燃料或者制氧原料。破坏后有概率获得树叶。

落叶松树叶
落叶松木的树叶，可以用作篝火燃料或者制氧原料。破坏后有概率获得树叶。

白杨树叶
白杨树的树叶，可以用作篝火燃料或者制氧原料。破坏后有概率获得树叶。

红杉树叶
红杉树的树叶，可以用作篝火燃料或者制氧原料。破坏后有概率获得树叶。

楠木树叶
楠木的树叶，可以用作篝火燃料或者制氧原料。破坏后有概率获得树叶。

胡桃树叶
胡桃木的树叶，可以用作篝火燃料或者制氧原料。破坏后有概率获得树叶。

桃花树叶
桃花树的树叶，可以用作篝火燃料或者制氧原料。破坏后有概率获得树叶。喂给飞鸡吃可以使其进入繁殖状态。

雨林乔木树叶
雨林乔木的树叶，可以用作篝火燃料或者制氧原料。破坏后有概率获得树叶。

珍木树叶
珍木的树叶，可以用作篝火燃料或者制氧原料。破坏后有概率获得树叶。

胡杨叶
胡杨树的树叶，可以用作篝火燃料或者制氧原料。破坏后有概率获得胡杨种子。使用斧子类工具采集，有概率获得完整的树叶。

星光粉尘树叶
吸收了星光的树叶，会在晴朗的夜晚出现。

神圣树叶
神圣树的金色树叶。

竹叶
可用作装饰，破坏后有概率获得竹笋。

结果的果木树叶
带有樱桃的树叶，破坏后可以获得樱桃。

结果的落叶松树叶
带有松果的树叶，破坏后可以获得**松果**。

结果的白杨木树叶
带有白杨果的树叶，破坏后可以获得**白杨果**。

结果的红杉树叶
带有红杉果的树叶，破坏后可以获得**红杉果**。

结果的胡桃木树叶
带有核桃的树叶，破坏后可以获得**核桃**。

结果的桃花树叶
带有桃子的树叶，破坏后可以获得**桃子**。

结果的乔木树叶
带有乔木果实的树叶，破坏后可以获得**乔木果实**。

结果的珍木树叶
带有氧气果的树叶，破坏后可以获得**氧气果**。

竹子
生长在竹林中，可以通过在**土坑**中种植**竹笋**获得。对**熊猫**使用，有概率将其**驯服**。喂给已驯服的**熊猫**吃，可获得**空心竹竿**。

灌木丛
雨林中生长的灌木，它的倒刺会令生物**无法跳跃并受到伤害**。

灌木丛树苗
种植在**土坑**中，一段时间后会长成**灌木丛**。

香蕉树苗
种植在**土坑**中，一段时间后会长成**香蕉树**。

香蕉树干
香蕉树的树干，可以用作装饰。

苔藓
湿润的苔藓，破坏后获得**苔藓球**。

小草
随处可见的小草，破坏后有概率获得**一把杂草**。

枯草
枯萎的野草，使用铲子破坏，有概率获得完整的枯草。徒手将其破坏，有概率获得一把杂草。

攀岩藤
天然的梯子，可以用来攀爬。

荆棘草
长满刺的小草，破坏后有概率获得一把杂草。

竹笋
可以在土坑中种植。破坏竹叶有概率获得。

仙人掌茎
生长在沙漠里，破坏仙人掌茎获得。使用仙人掌种子可以在土坑中种植出仙人掌茎。可以和木棒一起制作成满是尖刺的武器。

水草
生长在浅水中，破坏水草获得。

海带
生长在海洋中，破坏海带获得。

漂浮的花瓣
散落在水面上，破坏漂浮的花瓣获得。可放置在水面上做装饰。

漂浮的木板
破坏漂浮的木板或使用木板合成获得。放置在水面上可承受重量。

合成配方：

果木板 × 1

荷花
生长在水面上，破坏荷花获得。可放置在水面上做装饰。

荧光彩色草
生长在萌眼星空岛上，破坏荧光彩色草获得。是制作荧光弹和荧光球的材料之一。

星光孢子
在萌眼星阴暗处的石块上种植星光孢子种子获得。食用后可恢复15点体力值，并获得荧光效果，有概率获得夜视状态或晕头转向状态。

星光孢子秆
生长在萌眼星空岛下方的阴暗处。在其旁边生长的土笋、紫苏会发生变异。

角色

生物

方块

工具

作物

杂物

土笋
在阴暗处生长的蓝色植物，是制作某些食物不可或缺的原料之一。可以通过破坏土笋获得。不可生食。

紫苏
在阴暗处生长的紫红色植物，是制作某些食物不可或缺的原料之一。可以通过破坏紫苏获得。不可生食。

胡杨泪
胡杨树的眼泪，出现在已死胡杨树的树干侧面，可以用来解毒，是合成**解毒粉包**的必备原料。

仙人掌花
难得一见的花朵，出现在成熟仙人掌主干的顶端，是**液化剂**的必备原料。

洋红毒菇
光看外表就不像是能吃的东西，乱吃东西小心**拉肚子**。可以通过破坏洋红毒菇获得。食用后可恢复15点体力值。

变异土笋
由接近星光孢子的土笋变异而成。食用后会恢复15点体力值，并在 10 秒内获得**荧光效果**，以及在 60 秒内随机获得**疯狂挖掘状态**或**挖掘疲劳状态**。

变异紫苏
由接近星光孢子的紫苏变异而成。食用后会恢复 15 点体力值，并在 10 秒内获得**荧光效果**，以及在 12 秒内随机获得**生命恢复状态**或**中毒状态**。

变异的植物秆
遇到**土笋**后变异的星光孢子秆。

变异紫苏秆
遇到**紫苏**后变异的星光孢子秆。

玉米
通过种植**玉米的种子**或破坏**野生麦子**获得。可以徒手将其加工成**玉米的种子**，也可以在石锅里将其制成**玉米粉**。玉米粉是制作多种食物的基础材料。

合成配方：
一捆玉米×1

水稻
生长在**盆地**的水域中，可以通过种植**水稻的种子**获得。徒手将其加工成一碗生米饭，再用石锅煮熟后可食用。喂给**嘟嘟鸟**吃可以使其进入**繁殖**状态。

棉花
柔软的棉花，可以通过破坏**野生棉花树**获得。

独葵

生长在雨林中，破坏独葵获得。直接食用可以恢复5点体力值。喂给羊吃可以使其进入产奶状态。

刺瓜

在耕地上种刺瓜的种子获得，野外也能见到。破坏刺瓜后会获得1个完整的刺瓜，可以徒手将其加工成刺瓜片。

香瓜

在耕地上种植香瓜的种子获得，野外也能见到。破坏香瓜后会获得1个完整的香瓜。食用后可恢复15点体力值。可以在背包中将其加工成香瓜的种子。

白椰花

在土坑中种植白椰花种子获得，野外也能见到。可以徒手将其加工成白椰花种子，也可以用来制作花冠和高级食物。

黄钟花

在土坑中种植黄钟花种子获得，野外也能见到。可以徒手将其加工成黄钟花种子，也可以用来制作花冠和高级食物。

野蔷薇

在土坑中种植野蔷薇种子获得，野外也能见到。可以徒手将其加工成野蔷薇种子，也可以用来制作花冠和高级食物。

风铃花

在土坑中种植风铃花种子获得，野外也能见到。可以徒手将其加工成风铃花种子，也可以用来制作花冠和高级食物。对稻草人使用可以引导其跟随。

若兰

在土坑中种植若兰花种子获得，野外也能见到。可以徒手将其加工成若兰花种子，也可以用来制作花冠和高级食物。

星辰花

在土坑中种植星辰花种子获得，野外也能见到。可以徒手将其加工成星辰花种子，也可以用来制作花冠和高级食物。

龙血花

在土坑中种植龙血花种子获得，野外也能见到。可以徒手将其加工成龙血花种子，也可以用来制作花冠和高级食物。

风信子

在土坑中种植风信子种子获得，野外也能见到。可以徒手将其加工成风信子种子，也可以用来制作花冠和高级食物。

龙爪草

在土坑中种植龙爪草种子获得，野外也能见到。可以徒手将其加工成龙爪草种子，也可以用来制作花冠和高级食物。

角色
生物
方块
工具
作物
杂物

龙血树

在土坑中种植龙血树种子获得，野外也能见到。可以徒手将其加工成龙血树种子，也可以用来制作花冠和高级食物。

红色龙舌兰

在土坑中种植红色龙舌兰种子获得，野外也能见到。可以徒手将其加工成红色龙舌兰种子，也可以用来制作花冠和高级食物。

橙色龙舌兰

在土坑中种植橙色龙舌兰种子获得，野外也能见到。可以徒手将其加工成橙色龙舌兰种子，也可以用来制作花冠和高级食物。

灰色龙舌兰

在土坑中种植灰色龙舌兰种子获得，野外也能见到。可以徒手将其加工成灰色龙舌兰种子，也可以用来制作花冠和高级食物。

粉色龙舌兰

在土坑中种植粉色龙舌兰种子获得，野外也能见到。可以徒手将其加工成粉色龙舌兰种子，也可以用来制作花冠和高级食物。

玉米的种子

徒手加工玉米获得。种植在耕地上，一段时间后会长出玉米。

合成配方：
玉米×1

水稻的种子

收割水稻获得。种植在底部为土块或细沙块，且高度为1格的水面上，一段时间后会长出水稻。

刺瓜的种子

吃掉或徒手加工刺瓜片获得。种植在耕地上能长出根茎，一段时间后根茎会长成刺瓜。可以使用动物肥料加速其生长。

合成配方：
刺瓜片×1

香瓜的种子

徒手加工香瓜获得。种植在耕地上能长出根茎，一段时间后根茎会长成香瓜。可以使用动物肥料加速其生长。

合成配方：
香瓜×1

氧气豆

徒手加工氧气果获得。种植在珍木上，一段时间后会长出氧气果。

合成配方：
氧气果×1

果树种子

吃掉或徒手加工樱桃获得。种植在土坑中，可以长成果树。

合成配方：
樱桃×1

松树种子
吃掉或徒手加工**松果**获得。种植在**土坑**中，可以长成落叶松树。

合成配方：
松果×1

桃树种子
吃掉或徒手加工**桃子**获得。种植在**土坑**中，可以长成桃树。

合成配方：
桃子×1

白杨种子
吃掉或徒手加工**白杨果**获得。种植在**土坑**中，可以长成白杨木。

合成配方：
白杨果×1

乔木种子
吃掉或徒手加工**乔木果实**获得。种植在**土坑**中，可以长成雨林乔木。

合成配方：
乔木果实×1

红杉树种子
吃掉或徒手加工**红杉果**获得。种植在**土坑**中，可以长成红杉树。

合成配方：
红杉果×1

珍木种子
吃掉或徒手加工**氧气果**获得。种植在**萌眼星土块**的**土坑**中，可以长成珍木。

合成配方：
氧气果×1

楠木种子
种植在**土坑**中，可以长成楠木。

野生棉花树种子
徒手加工**棉花**获得。种植在**耕地**上，可以长成野生棉花树。

合成配方：
棉花×1

胡桃木种子
吃掉或徒手加工**核桃**获得。种植在**土坑**中，可以长成胡桃木。

合成配方：
核桃×1

胡杨种子
充满希望的种子，种植在**土坑**中，可以长成胡杨树。

角色
生物
方块
工具
作物
杂物

仙人掌种子

充满希望的种子，吃掉或徒手加工仙人掌果实获得。种植在土坑中，可以长成仙人掌。

合成配方：
仙人掌果实×1

野蔷薇种子

徒手加工野蔷薇获得。种植在土坑中，一段时间后会长出野蔷薇。

合成配方：
野蔷薇×1

星光孢子种子

徒手加工星光孢子获得。种植在萌眼星阴暗处的石块上，一段时间后会长成星光孢子。

合成配方：
星光孢子×1

风铃花种子

徒手加工风铃花获得。种植在土坑中，一段时间后会长出风铃花。

合成配方：
风铃花×1

神圣树种子

击败羽蛇神后获得。种植在土坑中，可以长成金色的神圣树。神圣树是一种高大古老的树木，曾在古代迷拉大陆上广泛分布，因无法适应虚空之力造成的气候变化，几近灭绝。

若兰花种子

徒手加工若兰获得。种植在土坑中，一段时间后会长出若兰花。

合成配方：
若兰×1

白椰花种子

徒手加工白椰花获得。种植在土坑中，一段时间后会长出白椰花。

合成配方：
白椰花×1

星辰花种子

徒手加工星辰花获得。种植在土坑中，一段时间后会长出星辰花。

合成配方：
星辰花×1

黄钟花种子

徒手加工黄钟花获得。种植在土坑中，一段时间后会长出黄钟花。

合成配方：
黄钟花×1

龙血花种子

徒手加工龙血花获得。种植在土坑中，一段时间后会长出龙血花。

合成配方：
龙血花×1

风信子种子

徒手加工**风信子**获得。种植在**土坑**中，一段时间后会长出风信子。

合成配方：
风信子×1

龙爪草种子

徒手加工**龙爪草**获得。种植在**土坑**中，一段时间后会长出龙爪草。

合成配方：
龙爪草×1

龙血树种子

徒手加工**龙血树**获得。种植在**土坑**中，一段时间后会长出龙血树。

合成配方：
龙血树×1

红色龙舌兰种子

徒手加工**红色龙舌兰**获得。种植在**土坑**中，一段时间后会长出红色龙舌兰。

合成配方：
红色龙舌兰×1

橙色龙舌兰种子

徒手加工**橙色龙舌兰**获得。种植在**土坑**中，一段时间后会长出橙色龙舌兰。

合成配方：
橙色龙舌兰×1

灰色龙舌兰种子

徒手加工**灰色龙舌兰**获得。种植在**土坑**中，一段时间后会长出灰色龙舌兰。

合成配方：
灰色龙舌兰×1

粉色龙舌兰种子

徒手加工**粉色龙舌兰**获得。种植在**土坑**中，一段时间后会长出粉色龙舌兰。

合成配方：
粉色龙舌兰×1

红藻

生长在海洋中，破坏红藻后直接获得。是制作**红藻力量药剂**的材料之一。

桃花堆

出现在**桃树林**中，用**铲类工具**收集获得。

小花堆

出现在**桃树林**中，用**铲类工具**收集获得。

落叶堆

出现在**桃树林**中，用**铲类工具**收集获得。

食物

食用迷你世界里的食物可以恢复体力值或生命值，其中水果和饮料主要恢复生命值，蔬菜和肉类主要恢复体力值，有些高级食物还会带来额外的增益效果。

樱桃
美味的樱桃，通过破坏结果的果木树叶获得，食用后可恢复15点生命值，并获得种子。可以用来吸引并驯服牛。

松果
美味的松果，通过破坏结果的落叶松树叶获得，食用后可恢复15点生命值，并获得种子。可在落叶松树叶上种植。喂给小飞鼠吃可以帮其恢复生命值。

桃子
美味的桃子，通过破坏结果的桃树树叶获得，食用后可恢复15点生命值，并获得种子。可以用来吸引并驯服飞鸡。喂给猴子吃可以使其进入繁殖状态。

红杉果
美味的球球果，通过破坏结果的红杉树叶获得，食用后可恢复15点生命值，并获得种子。可以用来吸引企鹅，喂给企鹅吃可以使其进入繁殖状态。

核桃
美味的核桃，通过破坏结果的胡桃木树叶获得，食用后可恢复15点生命值，并获得种子。可以用来吸引并驯服雀莺。

白杨果
美味的白杨果，通过破坏结果的白杨木树叶获得，食用后可恢复15点生命值，并获得种子。

乔木果实
迷拉星雨林乔木上生长的果实，食用后可恢复15点生命值，并获得短暂的跳跃力提升。食用后还可获得种子。

香蕉
从结果的香蕉树上摘取，食用后可恢复30点生命值。

星光香蕉
沾有星光的香蕉，可以用它与手持道具的猴子交换物品。食用后可恢复100点生命值。

合成配方：

香蕉×1　　　星光粉尘×3

氧气果
萌眼星珍木上生长的果实，在珍木上种植氧气豆获得。食用后会减少当前10%的生命值，并在60秒内获得氧气供应。食用后还可获得种子。可徒手将其加工成氧气豆。

胡杨花
胡杨的花，具有止血的功效。在胡杨叶子变红时，生长于胡杨树的叶子中。食用后可恢复10点生命值，可消除身上的流血状态，还可获得5点护盾值。

仙人掌果实

出现在成熟仙人掌主干的侧面。食用后可恢复20点体力值，并获得种子。

刺瓜片

在背包或工匠台用刺瓜合成，破坏陶罐也有概率获得。食用后可恢复10点生命值。对鸵鸟使用有概率将其驯服。

合成配方：

刺瓜×1

刺瓜汁

在背包或工匠台合成。食用后可恢复20点生命值，降低25%受到的火焰伤害，持续180秒。喂给鸵鸟吃可以使其进入繁殖状态。

合成配方：

刺瓜片×4　小玻璃瓶×1　黄钟花×1

水果拼盘

在背包或工匠台合成。食用后可恢复50点生命值。

合成配方：

刺瓜片×3　简易木碗×1　樱桃×1

青瓜大餐

对墩墩使用可以使其进入繁殖状态。

合成配方：

青瓜×6　番薯×2

蜂巢碎片

用斧类工具采集蜂巢获得。食用后可恢复15点生命值。可制成瓶装蜂蜜。

瓶装鲜奶

对产奶期的羊使用小玻璃瓶获得。食用后可恢复20点生命值，并随机去除一个状态。

瓶装蜂蜜

在背包或工匠台合成。食用后可恢复10点生命值，并在一段时间内持续恢复生命值。可以用来吸引萤火虫。

合成配方：

小玻璃瓶×3　蜂巢碎片×3

瓶装果糖浆

将炼制出的浓郁果糖浆完美地密封在玻璃瓶中制成，这是迷拉星最常见的糖的来源。在背包或工匠台合成。食用后可恢复10点生命值，并在一小段时间内持续恢复生命值。

合成配方：

樱桃×1　小玻璃瓶×1

浓缩奶糖

在石锅或秘银锅中烹饪获得。食用后可恢复60点体力值，并随机清除一个有害状态。有职业的野人伙伴食用后，会忘掉自己手上的工作。

合成配方：

瓶装果糖浆×2　若兰×1　瓶装鲜奶×3

角色

生物

方块

工具

作物

杂物

烤肉比萨

在**秘银锅**中烹饪获得。**手持**直接食用，可恢复 15 点生命值和 5 点体力值。**放置**后可以食用6次，每次恢复15点生命值。

合成配方：
瓶装鲜奶×1　番薯×1　生嘟嘟鸟肉×2
玉米粉×3

蔬果比萨

在**秘银锅**中烹饪获得。**手持**直接食用，可恢复 30 点生命值和 5 点体力值。**放置**后可以食用6次，每次恢复15点生命值。

合成配方：
瓶装鲜奶×1　番薯×1　桃子×2
玉米粉×3

青瓜

破坏**陶罐**或击败**爆爆蛋**时有概率获得。食用后可恢复15点体力值。可在**耕地**上种植。

番薯

破坏**陶罐**有概率获得。食用后可恢复15点体力值。可在**耕地**上种植。

生嘟嘟鸟肉

击败**嘟嘟鸟**获得。食用后可恢复10点体力值，但要小心**拉肚子**。可以在**篝火**上烤熟。

烤嘟嘟鸟肉

在**篝火**上加工**生嘟嘟鸟肉**获得。食用后可恢复25点体力值。

生牛排

击败**牛**获得。食用后可恢复15点体力值，但要小心**拉肚子**。可以在**篝火**上烤熟。

烤牛排

在**篝火**上加工**生牛排**获得。食用后可恢复25点体力值。

生羊腿

击败**羊**获得。食用后可恢复15点体力值，但要小心**拉肚子**。可以在**篝火**上烤熟。

烤羊腿

在**篝火**上加工**生羊腿**获得。食用后可恢复30点体力值。

生墩墩肉

击败**墩墩**获得。食用后可恢复15点体力值，但要小心**拉肚子**。可以在**篝火**上烤熟。

熟墩墩肉

在**篝火**上加工**生墩墩肉**获得。食用后可恢复30点体力值。

鲜鱼

在水中击败鱼掉落。食用后可恢复20点体力值，但要小心拉肚子。可以在篝火上烤熟。对小海豹坐骑使用，可以为其恢复20点生命值。

烤鱼

在篝火上加工鲜鱼获得。食用后可恢复25点体力值。对焱焱蟹使用有概率将其驯服。

三文鱼

击败企鹅获得。食用后可恢复15点体力值，但要小心拉肚子。可以在篝火上烤熟。对冰熊使用有概率将其驯服。

烤三文鱼

在篝火上加工三文鱼获得。食用后可恢复30点体力值。

生驼鸟腿

击败驼鸟获得。食用后可恢复15点体力值，但要小心拉肚子。可以在篝火上烤熟。

烤驼鸟腿

烤驼鸟腿十分美味！在篝火上加工生驼鸟腿获得。食用后可恢复25点体力值。

煎驼鸟蛋

驼鸟蛋比嘟嘟鸟蛋大很多！在石锅或秘银锅中加工驼鸟蛋获得。食用后可恢复30点体力值。

合成配方：
驼鸟蛋×1

烤煳的肉

在火上烤煳了的肉，已经看不清原来的模样了。食用后可恢复10点体力值，但要小心拉肚子。

面条

在石锅或秘银锅中烹饪获得。食用后可恢复5点生命值和20点体力值。

合成配方：
玉米粉×2

煎蛋面条

在石锅或秘银锅中烹饪获得。食用后可恢复20点生命值和60点体力值，并在一小段时间内持续恢复生命值。

合成配方：
面条×3　　嘟嘟鸟蛋×1

番薯泥

在石锅或秘银锅中加工番薯获得。食用后可恢复25点体力值。

合成配方：
番薯×1

一碗生米饭

把收获的水稻装进碗里，就是一碗生米饭了。在背包或工匠台合成。可以在石锅或秘银锅中将其加工成一碗熟米饭。

合成配方：
水稻×3　简易木碗×1

一碗熟米饭

在石锅或秘银锅中加工一碗生米饭获得。食用后可恢复60点体力值。可以用来引导商人跟随。

合成配方：
一碗生米饭×1

凉拌青瓜

在背包或工匠台合成。食用后可恢复15点体力值，并获得15点毅力值。

合成配方：
风铃花×1　青瓜×1　简易木碗×1

笋尖串串香

香喷喷，令人垂涎欲滴。在石锅或秘银锅中烹饪土笋而成。食用后可恢复20点生命值和20点体力值。

合成配方：
土笋×2　嘟嘟鸟蛋×1

嘟嘟鸟炖土笋

据说是迷拉星的名菜，营养价值很高，深受普罗大众的喜爱。在石锅或秘银锅中烹饪获得。食用后可恢复50点体力值。

合成配方：
土笋×3　生嘟嘟鸟肉×1

玉米点心

在石锅或秘银锅中烹饪获得。食用后可恢复5点体力值，并在一小段时间内提升挖掘速度。

合成配方：
玉米粉×1　红杉果×1　嘟嘟鸟蛋×1

玉米粉

用玉米在工匠台合成，是制作许多菜品的原材料之一。

合成配方：
玉米×1

香瓜条

迷拉星传统小吃，用香瓜制成。在秘银锅中烹饪获得。食用后可恢复少许生命值和体力值，还能获得护盾值和毅力值。

合成配方：
嘟嘟鸟蛋×1　风信子×1　香瓜×1
瓶装果糖浆×1　玉米粉×1

烤薯条

在石锅或秘银锅中烹饪获得，食用后可恢复30点体力值，并在一段时间内小幅降低受到的跌落伤害。

合成配方：
番薯泥×3　龙血花×1　软皮革×3

蔬菜煲

在石锅或秘银锅中烹饪获得。食用后可恢复60点体力值。

合成配方：
青瓜×2　番薯×2　龙爪草×1

烤嘟嘟鸟全家桶

在石锅或秘银锅中烹饪获得。食用后可恢复60点体力值，并在一段时间内小幅提升移动速度。对野生速龙使用有概率将其驯服。

合成配方：

烤嘟嘟鸟肉×6　　果木板×1

烤肉面条

在石锅或秘银锅中烹饪获得。食用后可恢复60点体力值，并获得60点护盾值。

合成配方：

面条×5　　星辰花×1　　烤牛排×3

羊肉煲

在石锅或秘银锅中烹饪获得。食用后可恢复60点体力值，并获得45点毅力值。

合成配方：

烤羊腿×5　　龙血树×1　　土笋×3

奇怪的肘子

击败野人获得。食用后可恢复10点体力值，并获得兽骨，但要小心拉肚子。

蟹腿

从商人那里获取，可以将其加工成"蟹棒"。

"蟹棒"

在背包或工匠台加工蟹腿获得。食用后可恢复15点体力值，但要小心拉肚子。

合成配方：

蟹腿×1

火腿

在石锅或秘银锅中烹饪获得。食用后可恢复60点体力值，并在一段时间内小幅降低挖掘时的体力消耗速度。喂给已驯服的冰熊吃，可以使其进入繁殖状态。

合成配方：

熟墩墩肉×5　　野蔷薇×1　　兽骨×1

异味火腿

在秘银锅中烹饪获得。食用后可恢复60点体力值，并在一段时间内小幅降低奔跑或跳跃时的体力消耗速度。

合成配方：

熟墩墩肉×4　　奇怪的肘子×1　　白椰花×1
兽骨×1

"蟹棒"火腿

在秘银锅中烹饪获得。食用后可恢复60点体力值，并在一段时间内小幅降低蓄力时的体力消耗速度。

合成配方：

熟墩墩肉×4　　"蟹棒"×1　　枯草×1
兽骨×1

香溢青瓜

使用工匠台合成。食用后可恢复15点体力值，并获得40点毅力值。

合成配方：
粉色龙舌兰×1　凉拌青瓜×1

香溢刺瓜汁

使用工匠台合成。食用后可恢复20点生命值，并在一段时间内降低受到的火焰伤害。

合成配方：
粉色龙舌兰×1　刺瓜汁×1

香溢水果拼盘

使用工匠台合成。食用后可恢复100点生命值。对萌眼咚咚使用有概率将其驯服。

合成配方：
粉色龙舌兰×1　水果拼盘×1

香溢煎蛋面条

在秘银锅中烹饪获得。食用后可恢复20点生命值和60点体力值，并在一段时间内持续恢复生命值。

合成配方：
橙色龙舌兰×1　煎蛋面条×1

香溢薯条

在秘银锅中烹饪获得，食用后可恢复30点体力值，并在一段时间内降低受到的跌落伤害。

合成配方：
橙色龙舌兰×1　烤薯条×1

香溢香瓜派

在秘银锅中烹饪获得。食用后可恢复少量生命值和体力值，还能获得护盾值和毅力值。对萌眼当当使用有概率将其驯服。

合成配方：
橙色龙舌兰×1　香瓜条×1

香溢玉米点心

在秘银锅中烹饪获得。食用后可恢复5点体力值，并在一段时间内提高挖掘速度。对萌眼叮叮使用有概率将其驯服。

合成配方：
橙色龙舌兰×1　玉米点心×1

香溢蔬菜煲

在秘银锅中烹饪获得。食用后可恢复100点体力值。

合成配方：
橙色龙舌兰×1　蔬菜煲×1

香溢烤嘟嘟鸟

在秘银锅中烹饪获得。食用后可恢复60点体力值，并在一段时间内提高移动速度。喂给2头已驯服的速龙吃，可以使其繁殖。

合成配方：
红色龙舌兰×1　烤嘟嘟鸟全家桶×1

香溢烤肉面条

在秘银锅中烹饪获得。食用后可恢复60点体力值，并获得90点护盾值。

合成配方：

红色龙舌兰×1　　烤肉面条×1

香溢"蟹棒"腿

在秘银锅中烹饪获得。食用后可恢复60点体力值，并在一段时间内降低蓄力时的体力消耗速度。

合成配方：

红色龙舌兰×1　　"蟹棒"火腿×1

香溢羊煲

在秘银锅中烹饪获得。食用后可恢复60点体力值，并获得70点毅力值。

合成配方：

红色龙舌兰×1　　羊肉煲×1

泡泡糖

破坏陶罐、打开地牢宝箱或击败团子时有概率获得。食用后可恢复5点生命值，并获得15点护盾值，能在15秒内获得泡泡状态。对团子使用有概率将其驯服。

香溢火腿

在秘银锅中烹饪获得。食用后可恢复60点体力值，并在一段时间内降低挖掘时的体力消耗速度。

合成配方：

红色龙舌兰×1　　火腿×1

红藻力量药剂

在秘银锅中烹饪获得。食用后可在60秒内获得击退技能，但对鱼类不起作用。

合成配方：

红藻×1　　小玻璃瓶×1

香溢异味火腿

在秘银锅中烹饪获得。食用后可恢复60点体力值，并在一段时间内降低奔跑或跳跃时的体力消耗速度。

合成配方：

红色龙舌兰×1　　异味火腿×1

深海呼吸药剂

在秘银锅中烹饪获得。食用后可在180秒内获得水下呼吸能力。

合成配方：

深海鱼鳃×1　　小玻璃瓶×1

止血药剂

使用工匠台合成。食用后可恢复30点生命值并消除身上的流血状态，还可获得15点护盾值，能在180秒内获得免疫流血状态。

合成配方:

胡杨花×1　　瓶装水×1

夜视孢子

食用后可在600秒内获得夜视能力。

疾跑烤嘟嘟鸟

食用后可在600秒内将移动速度提高75%。

坏掉的饺子

食用后可恢复15点体力值，并在60秒内将移动速度降低60%。

新春饺子

春节活动期间在春节商人处购买。食用后可恢复15点体力值，并在180秒内将人物变大。

年糕

春节活动期间在春节商人处购买。食用后可恢复15点体力值，并在180秒内将人物变小。

黑馅元宵

食用后可恢复15点体力值，并在30秒内将人物变成嘟嘟鸟。

紫馅元宵

食用后可恢复15点体力值，并在30秒内将人物变成牛。

黄馅元宵

食用后可恢复15点体力值，并在30秒内将人物变成羊。

气泡果汁

周年庆活动期间在周年商人处购买。食用后可恢复15点体力值，并在60秒内将跳跃力增加17点。

恶魔果汁

周年庆活动期间在周年商人处购买。食用后可恢复15点体力值，并在30秒内将人物变成小恶魔。

粽子

食用后可恢复15点体力值，并在30秒内将人物变成团子。

饲料和其他

这个类别主要是与种植、养殖和驯服相关的道具。如可以加速植物生长的动物肥料，喂给动物吃的草饲料和肉饲料，用于动物繁殖的草垛和窝。

饲料槽

需放置在地面上，并填充草饲料或肉饲料。可以储存饲料，用于喂养动物。

合成配方：

果木板×6　　细果木树枝×3

草饲料

可吸引草食性或杂食性动物的饲料，动物食用后能够成长、繁殖或恢复生命值。需要先将饲料填充到饲料槽里才能喂养动物。在迷你世界中，草食性动物有嘟嘟鸟、飞鸡、牛、羊等；杂食性动物有墩墩、鸵鸟、猴子等。注意：被驯服的动物是不吃饲料的。

合成配方：

玉米×5　　青瓜×2

肉饲料

可吸引肉食性或杂食性动物的饲料，动物食用后能够成长、繁殖或恢复生命值。需要先将饲料填充到饲料槽里才能喂养动物。在迷你世界中，肉食性动物有狐狸、企鹅、速龙、冰熊、战斗鸡等；杂食性动物有墩墩、鸵鸟、猴子等。注意：被驯服的动物是不吃饲料的。

合成配方：

生嘟嘟鸟肉×2　　鲜鱼×2

动物肥料

用玉米的种子喂墩墩后，有一定概率获得。对生长中的植物使用可以促进其生长。

草垛

哺乳类动物繁殖的必需品，要放置在动物附近。哺乳类动物有牛、墩墩、羊、狐狸、冰熊等。

合成配方：

玉米×16

窝

鸟纲类动物和速龙繁殖的必需品，要放置在动物附近。鸟纲类动物有嘟嘟鸟、飞鸡、战斗鸡、鸵鸟、企鹅等。

合成配方：

玉米×5　　细果木树枝×4

建材

建材方块大多是各种材质的围栏和门窗，不同种类的围栏能丰富你的建筑结构，如竹围栏、青石围栏等，各具特色的门窗也能为你的家园增添亮点。

木围栏

无法跳跃穿过的木制围栏。

合成配方：
细果木树枝×2　果木板×2　绳子×1

珍木围栏

无法跳跃穿过的木制围栏。

合成配方：
珍木木板×4

木围栏门

可以开关的木制围栏门，可用星能信号控制开关。

合成配方：
细果木树枝×7　果木板×2　绳子×4

碎石墙

无法跳跃穿过的石制围栏。

合成配方：
岩石块×3　尖锐的石头×1

竹围栏

无法跳跃穿过的竹制围栏。

合成配方：
竹子×8

石砖围栏

无法跳跃穿过的砖制围栏。

合成配方：
粗制岩石砖×3

解锁途径：
用感恩福利周活动获得的碎片合成。

竹围栏门

可以开关的竹制围栏门，可用星能信号控制开关。

合成配方：
竹子×4　竹板×2

青石墙

无法跳跃穿过的青色石制围栏。

合成配方：
青石×4

白杨木围栏

无法跳跃穿过的木制围栏。

合成配方：
细果木树枝×4　白杨木板×8

解锁途径：
用感恩福利周活动获得的碎片合成。

硫黄砖围栏

无法跳跃穿过的砖制围栏。

合成配方：
硫黄砖块×4　细果木树枝×4

星球岩墙

无法跳跃穿过的石制围栏。

合成配方：
星球岩石砖 ×4

木栅栏

无法跳跃穿过的木制栅栏。

合成配方：
果木板 ×4　　细果木树枝 ×2

解锁途径：
用感恩福利周活动获得的碎片合成。

铜围栏

无法跳跃穿过的铜制围栏。

合成配方：
黄铜棍 ×4

解锁途径：
用感恩福利周活动获得的碎片合成。

白杨木栅栏

无法跳跃穿过的木制栅栏。

合成配方：
白杨木板 ×4　　细果木树枝 ×2

解锁途径：
用感恩福利周活动获得的碎片合成。

黑色黄铜围栏

无法跳跃穿过的黑色黄铜制围栏。

合成配方：
黄铜棍 ×6　　黑颜料瓶 ×1

解锁途径：
用家园植物果实开出的碎片合成。

秘银栅栏

无法跳跃穿过的秘银制栅栏。

合成配方：
秘银 ×6

沙石柱

无法跳跃穿过的沙石柱子。

合成配方：
细沙块 ×2　　风蚀岩 ×2

白色黄铜围栏

无法跳跃穿过的白色黄铜制围栏。

合成配方：
黄铜棍 ×6　　白颜料瓶 ×1

解锁途径：
用家园植物果实开出的碎片合成。

轻木门

可以开关的木制门，可用星能信号控制开关。可以在机械上生效。

合成配方：
果木板 ×4　　细果木树枝 ×4

角色
生物
方块
工具
作物

杂物

139

果木门

可以开关的木制门，可用星能信号控制开关。

合成配方：

果木板×4　　细果木树枝×4

解锁途径：

用家园植物果实开出的碎片合成。

红杉木门

可以开关的木制门，可用星能信号控制开关。

合成配方：

红杉木板×4　　细果木树枝×4

解锁途径：

用家园植物果实开出的碎片合成。

落叶松木门

可以开关的木制门，可用星能信号控制开关。

合成配方：

落叶松木板×4　　细果木树枝×4

解锁途径：

用家园植物果实开出的碎片合成。

楠木门

可以开关的木制门，可用星能信号控制开关。

合成配方：

楠木板×4　　细果木树枝×4

解锁途径：

用家园植物果实开出的碎片合成。

白杨木门

可以开关的木制门，可用星能信号控制开关。

合成配方：

白杨木板×4　　细果木树枝×4

解锁途径：

用家园植物果实开出的碎片合成。

秘银门

较为坚固的秘银制门，连接星能后打开，断开星能后关闭。

合成配方：

秘银×5　　细果木树枝×1

胡桃木门

可以开关的木制门，可用星能信号控制开关。

合成配方：

胡桃木板×4　　细果木树枝×4

解锁途径：

用家园植物果实开出的碎片合成。

锈秘银门

生锈的秘银制门，连接星能后打开，断开星能后关闭。

合成配方：

秘银×6　　瓶装水×1

解锁途径：

用家园植物果实开出的碎片合成。

实验室门

抗爆性极强的高科技门，连接星能后打开，断开星能后关闭。

合成配方：

秘银×6　萌眼星石块×6

解锁途径：

用家园植物果实开出的碎片合成。

炽炎门

坚固的金属门，连接星能后打开，断开星能后关闭。

合成配方：

炽炎×3　秘银×3

解锁途径：

用家园植物果实开出的碎片合成。

木窗

可以开关的木制窗户，可以在机械上生效。

合成配方：

果木板×4　细果木树枝×6

玻璃窗

可以开关的玻璃窗。

合成配方：

果木板×4　透明玻璃片×6

木质天窗

可以开关的木制天窗，可用星能信号控制开关。

合成配方：

果木板×1　细果木树枝×5

小·贴·士

> > > > > > > > > > > > > > > > >

不少建材方块需要用家园植物果实开出的碎片合成，如白色黄铜围栏、红杉木门、实验室门等，解锁它们，可为你的建筑提供更多的选择。

家具

如果说建材方块常用于搭建建筑的外部框架，那么家具方块就是建筑内饰的主要选择。迷你世界里有床、桌椅、沙发、柜子、壁炉等多种多样的家具，可以让你随心所欲地打造属于你自己的家。

豹纹睡袋

温暖、便携的睡袋，远行必备佳品。

合成配方：
豹皮×2　棉花×3　一把杂草×4

简易睡袋

放置后躺上去能迅速恢复体力。在天黑后使用，可进入睡眠模式，直接跳过黑夜。可以在机械上生效。

合成配方：
软皮革×2　棉花×3　一把杂草×4

帐篷

沙漠中不可或缺的庇护用品，经历沙尘暴后会损坏，需要使用软皮革修复。

合成配方：
胡杨叶×6　胡杨原木×2　软皮革布×2
细果木树枝×8

精致木床

比一般的床精致不少。放置后躺上去能迅速恢复体力。在天黑后使用，可进入睡眠模式，直接跳过黑夜。

合成配方：
红颜料瓶×1　软皮革×3　红杉木板×3

解锁途径：
用家园植物果实开出的碎片合成。

豪华木床

尽显奢华的床，要何等精湛的制作手艺才能做出这样的家具。放置后躺上去能迅速恢复体力。在天黑后使用，可进入睡眠模式，直接跳过黑夜。

合成配方：
橙颜料瓶×1　软皮革×3　落叶松木板×3

解锁途径：
用家园植物果实开出的碎片合成。

公主床

公主房间的标准配置，只要躺在上面，自己就像公主一样。放置后躺上去能迅速恢复体力。在天黑后使用，可进入睡眠模式，直接跳过黑夜。

合成配方：
淡蓝颜料瓶×2　软皮革×3　白杨木板×3

解锁途径：
用家园植物果实开出的碎片合成。

果木桌子

果木做的桌子，放置在地上后使用。

合成配方：
细果木树枝×4　果木板×3

解锁途径：
用迷你豆购买。

角色 生物 方块 工具 作物 **杂物**

果木椅子

果木做的椅子，放置后可以坐上去休息。可以在机械上生效。

合成配方：

细果木树枝×4　　果木板×3

解锁途径：

用迷你豆购买。

松木椅子

松木做的椅子，放置后可以坐上去休息。

合成配方：

细果木树枝×4　　落叶松木板×3

解锁途径：

用家园植物果实开出的碎片合成。

果木沙发

果木做的沙发，放置后可以坐上去休息。

合成配方：

细果木树枝×4　　果木板×2　　软皮革布×1

解锁途径：

用家园植物果实开出的碎片合成。

松木沙发

松木做的沙发，放置后可以坐上去休息。

合成配方：

细果木树枝×4　　落叶松木板×2　　软皮革布×1

解锁途径：

用家园植物果实开出的碎片合成。

果木柜子

放置在地上后使用，可用来储存东西。

合成配方：

果木板×8

解锁途径：

用迷你豆购买。

松木柜子

放置在地上后使用，可用来储存东西。

合成配方：

落叶松木板×8

解锁途径：

用家园植物果实开出的碎片合成。

松木桌子

松木做的桌子，放置在地上后使用。

合成配方：

细果木树枝×4　　落叶松木板×3

解锁途径：

用家园植物果实开出的碎片合成。

白杨桌子

白杨木做的桌子，放置在地上后使用。

合成配方：

细果木树枝×4　　白杨木板×3

解锁途径：

用家园植物果实开出的碎片合成。

白杨椅子
白杨木做的椅子，放置后可以坐上去休息。

合成配方：
细果木树枝×4　　白杨木板×3

解锁途径：
用家园植物果实开出的碎片合成。

中式椅子
红杉木做的椅子，放置后可以坐上去休息。

合成配方：
细果木树枝×4　　红杉木板×3

解锁途径：
用参加活动获得的碎片合成。

白杨沙发
白杨木做的沙发，放置后可以坐上去休息。

合成配方：
细果木树枝×4　　白杨木板×2　　软皮革布×1

解锁途径：
用家园植物果实开出的碎片合成。

中式木椅
红杉木做的木椅，放置后可以坐上去休息。

合成配方：
细果木树枝×4　　红杉木板×2　　软皮革布×1

解锁途径：
用参加活动获得的碎片合成。

白杨柜子
放置在地上后使用，可用来储存物品。

合成配方：
白杨木板×7

解锁途径：
用家园植物果实开出的碎片合成。

中式柜子
放置在地上后使用，可用来储存物品。

合成配方：
红杉木板×7

解锁途径：
用参加活动获得的碎片合成。

中式桌子
红杉木做的桌子，放置在地上后使用。

合成配方：
细果木树枝×4　　红杉木板×3

解锁途径：
用参加活动获得的碎片合成。

中式火炉
具有与石炉一样的功能，可以用来熔炼低级矿石。

合成配方：
岩石砖×8　　红杉木板×3

解锁途径：
用参加活动获得的碎片合成。

白色壁炉

具有与石炉一样的功能，可以用来熔炼低级矿石。

合成配方：

岩石砖×5　　白杨木板×3

解锁途径：

用家园植物果实开出的碎片合成。

书柜

放置后会随机出现书柜。

合成配方：

果木板×4　　皮革卷轴×3　　细果木树枝×1

棕色壁炉

具有与石炉一样的功能，可以用来熔炼低级矿石。

合成配方：

岩石砖×5　　果木板×3

解锁途径：

用迷你豆购买。

绳梯

放在方块侧面，可让冒险家攀爬。可以在机械上生效。

合成配方：

绳子×3

黑色壁炉

具有与石炉一样的功能，可以用来熔炼低级矿石。

合成配方：

岩石砖×5　　落叶松木板×3

解锁途径：

用家园植物果实开出的碎片合成。

雪梅屏风

绘有梅花图案的屏风，装饰品。

合成配方：

透明玻璃块×2　　果木板×2

解锁途径：

用春节福利活动获得的碎片合成。

装饰

比起家具方块，迷你世界里的装饰方块更加丰富，不仅有种类繁多的玻璃瓶、罐子、灯饰、花盆，还有颜色丰富的战旗、棉花块、地毯、玻璃块等。与建材方块、家具方块搭配使用，可以建造出独一无二的建筑。

红薇蝶玻璃瓶

在空岛用小玻璃瓶捕捉红薇蝶获得，放置后可照亮周围小片区域。

兰青蝶玻璃瓶

在空岛用小玻璃瓶捕捉兰青蝶获得，放置后可照亮周围小片区域。

香粉蝶玻璃瓶

在空岛用小玻璃瓶捕捉香粉蝶获得，放置后可照亮周围小片区域。

白香蝶玻璃瓶

在空岛用小玻璃瓶捕捉白香蝶获得，放置后可照亮周围小片区域。

龙信蝶玻璃瓶

在空岛用小玻璃瓶捕捉龙信蝶获得，放置后可照亮周围小片区域。

舌钟蝶玻璃瓶

在空岛用小玻璃瓶捕捉舌钟蝶获得，放置后可照亮周围小片区域。

萤火虫玻璃瓶

在夜晚的竹林或桃花林用小玻璃瓶捕捉萤火虫获得，放置后可照亮周围小片区域。

天气预报器

神奇的古代科技，可以预报未来一段时间内的天气。

展示架

可将手中物品放上去展示。可放置于方块的各个面上。可以在机械上生效。

合成配方：

果木板×4　　透明玻璃片×2

简易罐子

散布在世界各地的不起眼的普通罐子。破坏罐子可能会随机获得道具。

陶土罐子

散布在世界各地的不起眼的陶土罐子。破坏罐子可能会随机获得道具。

彩陶罐子

散布在世界各地的不起眼的彩陶罐子。破坏罐子可能会随机获得道具。

红色战旗

具有装饰作用的红色战旗。

蓝色战旗
具有装饰作用的蓝色战旗。

绿色战旗
具有装饰作用的绿色战旗。

黄战旗
具有装饰作用的黄色战旗。

橙色战旗
具有装饰作用的橙色战旗。

紫色战旗
具有装饰作用的紫色战旗。

白色战旗
具有装饰作用的白色战旗。

白色棉花块
用棉花合成的棉花块，呈现出棉花的本色。使用彩弹枪或彩蛋可以对其进行染色。

合成配方:
棉花×2

橙色棉花块
染成橙色的棉花块，使用彩弹枪或彩蛋可以将其染成其他颜色。

紫红棉花块
染成紫红色的棉花块，使用彩弹枪或彩蛋可以将其染成其他颜色。

淡蓝棉花块
染成淡蓝色的棉花块，使用彩弹枪或彩蛋可以将其染成其他颜色。

黄棉花块
染成黄色的棉花块，使用彩弹枪或彩蛋可以将其染成其他颜色。

淡绿棉花块
染成淡绿色的棉花块，使用彩弹枪或彩蛋可以将其染成其他颜色。

角色
生物
方块
工具
作物
杂物

粉色棉花块
染成粉色的棉花块，使用彩弹枪或彩蛋可以将其染成其他颜色。

褐色棉花块
染成褐色的棉花块，使用彩弹枪或彩蛋可以将其染成其他颜色。

灰色棉花块
染成灰色的棉花块，使用彩弹枪或彩蛋可以将其染成其他颜色。

绿色棉花块
染成绿色的棉花块，使用彩弹枪或彩蛋可以将其染成其他颜色。

淡灰棉花块
染成淡灰色的棉花块，使用彩弹枪或彩蛋可以将其染成其他颜色。

红色棉花块
染成红色的棉花块，使用彩弹枪或彩蛋可以将其染成其他颜色。

青色棉花块
染成青色的棉花块，使用彩弹枪或彩蛋可以将其染成其他颜色。

黑色棉花块
染成黑色的棉花块，使用彩弹枪或彩蛋可以将其染成其他颜色。

白色地毯
白色的地毯，可铺在方块上做装饰。使用彩弹枪或彩蛋可以将其染色。

合成配方：
白色棉花块X3

紫色棉花块
染成紫色的棉花块，使用彩弹枪或彩蛋可以将其染成其他颜色。

橙色地毯
橙色的地毯，可铺在方块上做装饰。使用彩弹枪或彩蛋可以将其染成其他颜色。

蓝色棉花块
染成蓝色的棉花块，使用彩弹枪或彩蛋可以将其染成其他颜色。

紫红地毡

紫红色的地毡，可铺在方块上做装饰。使用彩弹枪或彩蛋可以将其染成其他颜色。

淡灰地毡

淡灰色的地毡，可铺在方块上做装饰。使用彩弹枪或彩蛋可以将其染成其他颜色。

淡蓝地毡

淡蓝色的地毡，可铺在方块上做装饰。使用彩弹枪或彩蛋可以将其染成其他颜色。

青色地毡

青色的地毡，可铺在方块上做装饰。使用彩弹枪或彩蛋可以将其染成其他颜色。

黄地毡

黄色的地毡，可铺在方块上做装饰。使用彩弹枪或彩蛋可以将其染成其他颜色。

紫色地毡

紫色的地毡，可铺在方块上做装饰。使用彩弹枪或彩蛋可以将其染成其他颜色。

淡绿地毡

淡绿色的地毡，可铺在方块上做装饰。使用彩弹枪或彩蛋可以将其染成其他颜色。

蓝色地毡

蓝色的地毡，可铺在方块上做装饰。使用彩弹枪或彩蛋可以将其染成其他颜色。

粉色地毡

粉色的地毡，可铺在方块上做装饰。使用彩弹枪或彩蛋可以将其染成其他颜色。

褐色地毡

褐色的地毡，可铺在方块上做装饰。使用彩弹枪或彩蛋可以将其染成其他颜色。

灰色地毡

灰色的地毡，可铺在方块上做装饰。使用彩弹枪或彩蛋可以将其染成其他颜色。

绿色地毡

绿色的地毡，可铺在方块上做装饰。使用彩弹枪或彩蛋可以将其染成其他颜色。

角色
生物
方块
工具
作物

杂物

红色地毡
红色的地毡，可铺在方块上做装饰。使用彩弹枪或彩蛋可以将其染成其他颜色。

紫红玻璃块
装饰用的紫红色玻璃块。使用彩弹枪或彩蛋可以将其染成其他颜色。

黑色地毡
黑色的地毡，可铺在方块上做装饰。使用彩弹枪或彩蛋可以将其染成其他颜色。

淡蓝玻璃块
装饰用的淡蓝色玻璃块。使用彩弹枪或彩蛋可以将其染成其他颜色。

透明玻璃块
在铜炉或更高级的熔炉中煅烧石英砂获得。使用彩弹枪或彩蛋可以将其染色。

合成配方：
石英砂×2

黄玻璃块
装饰用的黄色玻璃块。使用彩弹枪或彩蛋可以将其染成其他颜色。

淡绿玻璃块
装饰用的淡绿色玻璃块。使用彩弹枪或彩蛋可以将其染成其他颜色。

白色玻璃块
装饰用的白色玻璃块。使用彩弹枪或彩蛋可以将其染成其他颜色。

粉色玻璃块
装饰用的粉色玻璃块。使用彩弹枪或彩蛋可以将其染成其他颜色。

橙色玻璃块
装饰用的橙色玻璃块。使用彩弹枪或彩蛋可以将其染成其他颜色。

灰色玻璃块
装饰用的灰色玻璃块。使用彩弹枪或彩蛋可以将其染成其他颜色。

淡灰玻璃块

装饰用的淡灰色玻璃块。使用彩弹枪或彩蛋可以将其染成其他颜色。

红色玻璃块

装饰用的红色玻璃块。使用彩弹枪或彩蛋可以将其染成其他颜色。

青色玻璃块

装饰用的青色玻璃块。使用彩弹枪或彩蛋可以将其染成其他颜色。

黑色玻璃块

装饰用的黑色玻璃块。使用彩弹枪或彩蛋可以将其染成其他颜色。

紫色玻璃块

装饰用的紫色玻璃块。使用彩弹枪或彩蛋可以将其染成其他颜色。

透明玻璃片

装饰用的玻璃片。使用彩弹枪或彩蛋可以将其染色。

合成配方：

透明玻璃块X4

蓝色玻璃块

装饰用的蓝色玻璃块。使用彩弹枪或彩蛋可以将其染成其他颜色。

白色玻璃片

装饰用的白色玻璃片。使用彩弹枪或彩蛋可以将其染成其他颜色。

褐色玻璃块

装饰用的褐色玻璃块。使用彩弹枪或彩蛋可以将其染成其他颜色。

橙色玻璃片

装饰用的橙色玻璃片。使用彩弹枪或彩蛋可以将其染成其他颜色。

绿色玻璃块

装饰用的绿色玻璃块。使用彩弹枪或彩蛋可以将其染成其他颜色。

紫红玻璃片

装饰用的紫红色玻璃片。使用彩弹枪或彩蛋可以将其染成其他颜色。

角色
生物
方块
工具
作物

杂物

角色
生物
方块
工具
作物

杂物

淡蓝玻璃片
装饰用的淡蓝色玻璃片。使用彩弹枪或彩蛋可以将其染成其他颜色。

青色玻璃片
装饰用的青色玻璃片。使用彩弹枪或彩蛋可以将其染成其他颜色。

黄玻璃片
装饰用的黄色玻璃片。使用彩弹枪或彩蛋可以将其染成其他颜色。

紫色玻璃片
装饰用的紫色玻璃片。使用彩弹枪或彩蛋可以将其染成其他颜色。

淡绿玻璃片
装饰用的淡绿色玻璃片。使用彩弹枪或彩蛋可以将其染成其他颜色。

蓝色玻璃片
装饰用的蓝色玻璃片。使用彩弹枪或彩蛋可以将其染成其他颜色。

粉色玻璃片
装饰用的粉色玻璃片。使用彩弹枪或彩蛋可以将其染成其他颜色。

褐色玻璃片
装饰用的褐色玻璃片。使用彩弹枪或彩蛋可以将其染成其他颜色。

灰色玻璃片
装饰用的灰色玻璃片。使用彩弹枪或彩蛋可以将其染成其他颜色。

绿色玻璃片
装饰用的绿色玻璃片。使用彩弹枪或彩蛋可以将其染成其他颜色。

淡灰玻璃片
装饰用的淡灰色玻璃片。使用彩弹枪或彩蛋可以将其染成其他颜色。

红色玻璃片
装饰用的红色玻璃片。使用彩弹枪或彩蛋可以将其染成其他颜色。

黑色玻璃片

装饰用的黑色玻璃片。使用彩弹枪或彩蛋可以将其染成其他颜色。

冰灯

由冰砖制成的灯，放置后可照亮周围。

合成配方：

冰砖×4　　曙光石粉×1

解锁途径：

用家园植物果实开出的碎片合成。

木纹灯

在果木板制成的灯罩上雕琢出木纹，工艺精巧。放置后可照亮周围。

合成配方：

果木板×4　　曙光石粉×1

解锁途径：

用家园植物果实开出的碎片合成。

实验室灯

清冷的灯光，可以在实验室使用。放置后可照亮周围。

合成配方：

硅石块×1　　曙光石粉×1

解锁途径：

用家园植物果实开出的碎片合成。

荧光灯

使用了荧光晶体。放置后可照亮周围。

合成配方：

秘银×2　　荧光晶体×1　　曙光石粉×1

解锁途径：

用家园植物果实开出的碎片合成。

白色玻璃灯

用玻璃块制成的白色玻璃灯，放置后可照亮周围。

合成配方：

透明玻璃块×1　　曙光石粉×1　　白颜料瓶×1

解锁途径：

用家园植物果实开出的碎片合成。

橙色玻璃灯

用玻璃块制成的橙色玻璃灯，放置后可照亮周围。

合成配方：

透明玻璃块×1　　曙光石粉×1　　橙颜料瓶×1

解锁途径：

用家园植物果实开出的碎片合成。

紫红玻璃灯

用玻璃块制成的紫红色玻璃灯，放置后可照亮周围。

合成配方：

透明玻璃块×1　　曙光石粉×1　　紫红颜料瓶×1

解锁途径：

用家园植物果实开出的碎片合成。

淡蓝玻璃灯
用玻璃块制成的淡蓝色玻璃灯，放置后可照亮周围。

合成配方：
透明玻璃块×1　曙光石粉×1　淡蓝颜料瓶×1

解锁途径：
用家园植物果实开出的碎片合成。

灰色玻璃灯
用玻璃块制成的灰色玻璃灯，放置后可照亮周围。

合成配方：
透明玻璃块×1　曙光石粉×1　灰颜料瓶×1

解锁途径：
用家园植物果实开出的碎片合成。

黄玻璃灯
用玻璃块制成的黄色玻璃灯，放置后可照亮周围。

合成配方：
透明玻璃块×1　曙光石粉×1　黄颜料瓶×1

解锁途径：
用家园植物果实开出的碎片合成。

淡灰玻璃灯
用玻璃块制成的淡灰色玻璃灯，放置后可照亮周围。

合成配方：
透明玻璃块×1　曙光石粉×1　淡灰颜料瓶×1

解锁途径：
用家园植物果实开出的碎片合成。

淡绿玻璃灯
用玻璃块制成的淡绿色玻璃灯，放置后可照亮周围。

合成配方：
透明玻璃块×1　曙光石粉×1　淡绿颜料瓶×1

解锁途径：
用家园植物果实开出的碎片合成。

青色玻璃灯
用玻璃块制成的青色玻璃灯，放置后可照亮周围。

合成配方：
透明玻璃块×1　曙光石粉×1　青颜料瓶×1

解锁途径：
用家园植物果实开出的碎片合成。

粉色玻璃灯
用玻璃块制成的粉色玻璃灯，放置后可照亮周围。

合成配方：
透明玻璃块×1　曙光石粉×1　粉红颜料瓶×1

解锁途径：
用家园植物果实开出的碎片合成。

紫色玻璃灯
用玻璃块制成的紫色玻璃灯，放置后可照亮周围。

合成配方：
透明玻璃块×1　曙光石粉×1　紫颜料瓶×1

解锁途径：
用家园植物果实开出的碎片合成。

蓝色玻璃灯
用玻璃块制成的蓝色玻璃灯，放置后可照亮周围。

合成配方：
透明玻璃块×1　曙光石粉×1　蓝颜料瓶×1

解锁途径：
用家园植物果实开出的碎片合成。

黑色玻璃灯
用玻璃块制成的黑色玻璃灯，放置后可照亮周围。

合成配方：
透明玻璃块×1　曙光石粉×1　黑颜料瓶×1

解锁途径：
用家园植物果实开出的碎片合成。

褐色玻璃灯
用玻璃块制成的褐色玻璃灯，放置后可照亮周围。

合成配方：
透明玻璃块×1　曙光石粉×1　褐颜料瓶×1

解锁途径：
用家园植物果实开出的碎片合成。

蜡烛台
放了3支蜡烛的烛台。对其使用点火器，可将其点燃。对已点燃的烛台使用其他道具，可将其熄灭。

合成配方：
火炬×3　秘银×3

解锁途径：
用家园植物果实开出的碎片合成。

绿色玻璃灯
用玻璃块制成的绿色玻璃灯，放置后可照亮周围。

合成配方：
透明玻璃块×1　曙光石粉×1　绿颜料瓶×1

解锁途径：
用家园植物果实开出的碎片合成。

灯笼
简单的照明工具。放置后可照亮周围。

合成配方：
细果木树枝×2　软皮革×2　曙光石粉×1

解锁途径：
用家园植物果实开出的碎片合成。

红色玻璃灯
用玻璃块制成的红色玻璃灯，放置后可照亮周围。

合成配方：
透明玻璃块×1　曙光石粉×1　红颜料瓶×1

解锁途径：
用家园植物果实开出的碎片合成。

古典路灯
充满古典气息的路灯。放置后可照亮周围。

合成配方：
秘银×2　　曙光石粉×2

解锁途径：
用家园植物果实开出的碎片合成。

现代路灯
现代感十足的路灯。放置后可照亮周围。

合成配方:
秘银×2　曙光石粉×2

解锁途径:
用家园植物果实开出的碎片合成。

台灯
有亮晶晶的灯罩。放置后可照亮周围。

合成配方:
透明玻璃块×1　曙光石粉×1　炽炎×2

解锁途径:
用家园植物果实开出的碎片合成。

吊灯
华丽的灯具。放置后可照亮周围。

合成配方:
秘银×3　曙光石粉×3　透明玻璃块×3

解锁途径:
用家园植物果实开出的碎片合成。

中式宫灯
传统中式灯具。放置后可照亮周围。

合成配方:
细果木树枝×4　荧光晶体×3　果木板×2

解锁途径:
用家园植物果实开出的碎片合成。

典雅壁灯
造型大气的壁灯。只能放置在方块侧面,可照亮周围。

合成配方:
透明玻璃块×1　火炬×1　秘银×1

解锁途径:
用家园植物果实开出的碎片合成。

新春宫灯
新春时常用的灯具。放置后可照亮周围。

合成配方:
软皮革×4　果木板×4　荧光晶体×1

解锁途径:
用春节福利活动获得的碎片合成。

精致壁灯
精致的壁灯。只能放置在方块侧面,可照亮周围。

合成配方:
炽炎×1　火炬×1　透明玻璃块×1

解锁途径:
用家园植物果实开出的碎片合成。

红烛灯
插着红烛的漂亮烛台,最适合春节期间使用。对其使用点火器,可将其点燃。对已点燃的烛台使用其他道具,可将其熄灭。

合成配方:
火炬×1　炽炎×3

解锁途径:
用春节福利活动获得的碎片合成。

孔明灯

在元宵节用来许愿祈福的灯。使用后可将其放飞。升空后有概率放出爱心状的烟花。

合成配方：

软皮革×5　火炬×1　丝线×1

解锁途径：

用元宵福利活动获得的碎片合成

红色陶花盆

红色的陶制花盆，对其使用矮株植物，可将植物插入其中。

合成配方：

灰砂砖×2　红颜料瓶×1

解锁途径：

用家园植物果实开出的碎片合成。

荷灯

在元宵节用来许愿祈福的灯。放置在水中，轻推可使其漂走。

合成配方：

软皮革×3　荧光晶体×1　荷花×3

解锁途径：

用元宵福利活动获得的碎片合成

绿色陶花盆

绿色的陶制花盆，对其使用矮株植物，可将植物插入其中。

合成配方：

灰砂砖×2　绿颜料瓶×1

解锁途径：

用家园植物果实开出的碎片合成。

小花盆

对其使用矮株植物，可将植物插入其中。

合成配方：

灰砂砖×2

解锁途径：

用家园植物果实开出的碎片合成。

大瓷花盆

漂亮的瓷质大花盆，对其使用高株植物，可将植物插入其中。

合成配方：

灰砂砖×3　缠丝玛瑙×1

解锁途径：

用春节福利活动获得的碎片合成。

大花盆

对其使用高株植物，可将植物插入其中。

合成配方：

灰砂砖×3

解锁途径：

用家园植物果实开出的碎片合成。

春节窗花—福

含有"福"字样的红窗花，充满节日气息。可贴在方块侧面做装饰。

合成配方：

软皮革×1　红颜料瓶×1

解锁途径：

用春节福利活动获得的碎片合成。

角色
生物
方块
工具
作物
杂物

春节窗花—禄

含有"禄"字样的红窗花，充满节日气息。可贴在方块侧面做装饰。

合成配方：
软皮革×2　　红颜料瓶×2

解锁途径：
用春节福利活动获得的碎片合成。

春节窗花—牛

适合牛年春节装饰用的红窗花，充满节日气息。可贴在方块侧面做装饰。

合成配方：
软皮革×3　　红颜料瓶×1

解锁途径：
用春节福利活动获得的碎片合成。

春节窗花—寿

含有"寿"字样的红窗花，充满节日气息。可贴在方块侧面做装饰。

合成配方：
软皮革×3　　红颜料瓶×1

解锁途径：
用春节福利活动获得的碎片合成。

春节窗花—虎

适合虎年春节装饰用的红窗花，充满节日气息。可贴在方块侧面做装饰。

合成配方：
软皮革×3　　红颜料瓶×1

解锁途径：
用春节福利活动获得的碎片合成。

春节窗花—喜

含有"喜"字样的红窗花，充满节日气息。可贴在方块侧面做装饰。

合成配方：
软皮革×4　　红颜料瓶×2

解锁途径：
用春节福利活动获得的碎片合成。

壁画

古人留下的壁画的一角，试着收集其他部分并拼出完整的图案吧。

特殊

这类道具有的是各种生物的掉落物，有的是熔炼矿石的产物，还有的是只会出现在特定场所的特殊物品。部分方块在生存模式中不易得到，可以当作不错的纪念品。

尖锐的石头

尖锐的小石块，可用于制作石质的武器和工具。破坏地面上散落的石块可获得。

合成配方：
岩石块×1

一把杂草

不起眼的杂草，韧性却极强。可用来制作草绳和火炬，手持可吸引牛、羊，喂给它们吃，可使其繁殖。

绳子

制作围栏或一些武器的原料之一，使用一把杂草或果木树叶制成。

合成配方：
任意树叶×1或一把杂草×1

细羽毛

击败鸟纲类动物有概率获得，是使用工匠台制作石箭的材料之一。

蜂刺

击败蜜蜂获得，是使用工匠台制作蜂刺飞镖的材料之一。

空心竹竿

用竹子喂食熊猫有概率获得，是使用工匠台制作吹箭筒的材料之一。

雀莺羽毛

雀莺的羽毛，颜色鲜艳，羽片致密。可以用来制作氧气面罩。

焱焱蟹壳

焱焱蟹掉落的蟹壳，可以用于制作防火装备。

坚硬蝎壳

巨型毒尾蝎的壳，十分坚硬，使用钝器攻击巨型毒尾蝎获得。可以用来合成蝎壳盾。

毒囊

击败毒尾蝎获得，是毒尾蝎储存毒液的地方。可以用来给武器附魔和制作剧毒瓶。

巫骨

刻有契文的骨头，击败野人祭司可获得。

小沙包

可以投掷。

合成配方：
细沙块×1　　软皮革×1

角色
生物
方块
工具
作物
杂物

159

简易木碗

简单的木碗，可用来盛食物，是使用工匠台制作某些食物的材料之一。

合成配方：
果木板×1

泡泡球

击败团子、砸碎陶罐均有概率获得。可以投掷，若击中小伙伴，可使其被泡泡包裹并飘浮一段时间。

嘟嘟鸟蛋

未进食的嘟嘟鸟每隔一段时间会在窝中产1枚蛋，投掷出去有概率生出小嘟嘟鸟。是合成小彩蛋的材料之一。

企鹅蛋

未进食的企鹅每隔一段时间会在窝中产1枚蛋，投掷出去有概率生出企鹅。是合成彩蛋的材料之一。

鸵鸟蛋

未进食的鸵鸟每隔一段时间会在鸵鸟窝中产1枚蛋。会有生命孵化出来吗？

软皮革

击败羊、牛、狐狸等动物有概率掉落，是使用工匠台制作书和各种皮制品的材料之一。

合成配方：
一沓皮革×1

软皮革布

由软皮革缝制而成，是使用工匠台制作皮披风的材料。

合成配方：
软皮革×4　　丝线×1

野人面具

听说戴上后能听懂野人说的话，且不会被野人发现……不过要小心，野人猎手的眼神很犀利。

合成配方：
软皮革×3　　巫骨×3　　炽炎×9

巫术骨锤

发出微弱光芒的易碎骨棒，散发着阳光的气息，是野人部落中常用的祭祀道具。部落祭司常用骨锤轻轻敲击睡梦中的野人，以驱除其身上的黑暗诅咒。

合成配方：
兽骨×1　　风铃花×2　　荧光晶体×1

兽骨

食用奇怪的肘子后获得，是巫术骨锤、蛇神之翼的合成材料之一。

石质雕像

无名的石质雕像。仅用岩石块雕刻而成，却记录了伟大冒险行程的开始。放置后点击，消耗1颗星星便可以改变复活点的位置。

合成配方：
岩石块×6

黑龙雕像

在烈焰星击败黑龙获得，放置后可照亮周围，并阻止怪物在雕像附近出现。可通过工匠台制成熔岩之石。放置后点击，消耗1颗星星便可以改变复活点的位置。

黄颜料瓶

基础颜料之一，需要用乔木果实合成，可用于染色。

合成配方：

乔木果实×1　　小玻璃瓶×1

混乱雕像

击败混乱黑龙后出现。放置在3格×3格的琥珀块底座上，该雕像就会被激活，使周围32格×32格范围内不会产生怪物。放置后点击，消耗1颗星星便可以改变复活点的位置。

红颜料瓶

基础颜料之一，需要用樱桃合成，可用于染色。

合成配方：

樱桃×1　　小玻璃瓶×1

熔岩雕像

屠龙者的荣耀纪念碑，只有强大的冒险者才能获得。放置后点击，消耗1颗星星便可以改变复活点的位置。放置在熔炉旁边，会产生意想不到的效果。

蓝颜料瓶

基础颜料之一，需要用氧气果合成，可用于染色。

合成配方：

氧气果×1　　小玻璃瓶×1

钛粉

制作白颜料瓶的原料，需要用钛合金制取。

合成配方：

钛合金×1

黑颜料瓶

由红颜料瓶、黄颜料瓶与蓝颜料瓶合成，可用于染色。破坏陶罐也有概率获得。

合成配方：

红颜料瓶×1　　黄颜料瓶×1　　蓝颜料瓶×1

白颜料瓶

基础颜料之一，需要用钛粉合成，可用于染色。

合成配方：

钛粉×1　　小玻璃瓶×1

橙颜料瓶

由红颜料瓶与黄颜料瓶合成，可用于染色。

合成配方：

红颜料瓶×1　　黄颜料瓶×1

紫红颜料瓶

由红颜料瓶与紫颜料瓶合成，可用于染色。

合成配方：

红颜料瓶×1　　紫颜料瓶×1

淡灰颜料瓶

由白颜料瓶与灰颜料瓶合成，可用于染色。

合成配方：

白颜料瓶×1　　灰颜料瓶×1

淡蓝颜料瓶

由白颜料瓶与蓝颜料瓶合成，可用于染色。

合成配方：

白颜料瓶×1　　蓝颜料瓶×1

青颜料瓶

由蓝颜料瓶与绿颜料瓶合成，可用于染色。

合成配方：

蓝颜料瓶×1　　绿颜料瓶×1

淡绿颜料瓶

由白颜料瓶和绿颜料瓶合成，可用于染色。

合成配方：

白颜料瓶×1　　绿颜料瓶×1

紫颜料瓶

由红颜料瓶与蓝颜料瓶合成，可用于染色。

合成配方：

红颜料瓶×1　　蓝颜料瓶×1

粉红颜料瓶

由白颜料瓶与红颜料瓶合成，可用于染色。

合成配方：

白颜料瓶×1　　红颜料瓶×1

褐颜料瓶

由红颜料瓶与黑颜料瓶合成，可用于染色。

合成配方：

红颜料瓶×1　　黑颜料瓶×1

灰颜料瓶

由白颜料瓶与黑颜料瓶合成，可用于染色。

合成配方：

白颜料瓶×1　　黑颜料瓶×1

绿颜料瓶

由黄颜料瓶与蓝颜料瓶合成，可用于染色。

合成配方：

黄颜料瓶×1　　蓝颜料瓶×1

创造晶体

击败烈焰星人获得，是天生带有创造力的晶体，可以用来升级工匠台和激活道具符文。

丝线

击败野人猎手、砸碎陶罐均有概率获得，是合成各种弓箭的材料之一。

石英砂

使用铜炉或更高级的熔炉可以将其烧制成透明玻璃块，需要达到一定温度。

合成配方：
细沙块×1

灰砂

制作灰砂土和烧炼灰砂砖的材料。打开地牢宝箱有概率获得。

可燃冰

可以作为燃料使用。开采可燃冰矿获得。

合成配方：
可燃冰块×1

黑炭

可以作为燃料使用。在熔炼炉中煅烧木材获得，击败爆爆蛋也有概率获得。

火药

使用工匠台制作点火器和各种爆炸类道具的材料之一。

合成配方：
灰砂×1　　可燃冰×2

焦油

使用工匠台制作滑动方块和推拉机械臂的材料之一。打开地牢宝箱或击败熔岩巨人有概率掉落。

硅石

使用工匠台制作硅石块的材料。通过开采硅石矿获得。商人有时会出售。

钨金

使用工匠台制作高级工具和装备的材料之一，通过开采钨金矿获得。

合成配方：
钨金块×1

缠丝玛瑙

很多高级道具的制作材料之一。通过开采缠丝玛瑙原石获得。

合成配方：
缠丝玛瑙块×1

琥珀

使用工匠台制作部分机械道具的材料。商人经常需要的材料之一。通过开采琥珀原石获得。

合成配方:
琥珀块×1

黄铜

在熔炉中煅烧铜合金矿获得,是使用工匠台制作黄铜工具和装备的材料之一。

合成配方:
黄铜块×1

秘银

在熔炉中煅烧秘银矿获得,是使用工匠台制作秘银工具和装备的材料之一。

合成配方:
秘银块×1

炽炎粒

使用工匠台制作高级食物的材料之一。

合成配方:
炽炎×1

炽炎

在熔炉中煅烧炽炎矿石获得,是使用工匠台制作装备和道具的材料之一。

合成配方:
炽炎块×1

钛合金

在熔炉中煅烧钛合金矿获得,是使用工匠台制作钛金工具和装备的材料之一。

合成配方:
钛合金块×1

智能芯片

高级传送舱的核心部件,可用于合成传送舱升级元件。通过高级的传送舱,玩家可前往更遥远的星球。

星站能源碎片

可用于修复、合成星站能源核心,并激活星站控制台。虚空战争后,大量星站被破坏并掩埋在地下,破裂的能源核心也散落各地。打开地牢宝箱有概率获得。

元素核碎片

破损元素核的碎片,击败沙灵守卫可获得,可以用来做液化剂。

破损的元素核

破损的元素核,不太稳定,不要乱丢。

苔藓球

破坏苔藓可以获得,在熔炉中燃烧可以得到草木灰。

草木灰
可作肥料的灰烬，可以用于合成草木灰方块。

星光粉尘
沾有星光的尘埃，破坏星光粉尘树叶可以获得。

豹皮
完整的豹皮，可以用于合成豹纹睡袋。

祭台
献祭对应的物品，接受来自蛇神的馈赠。

雨林之芯碎片
晶莹的稀有晶体，破坏雨林之芯乔木可以获得。

雨林之眼
用雨林之芯碎片合成的神秘钥匙，对残缺的神像使用可以激活神庙。

合成配方：
雨林之芯碎片×9　　黄铜×9

雨林神像
隐藏在雨林深处的遗迹，残缺的神像与雨林之眼结合可以激活神庙，完整的神像可以用作装饰。

神像基座
刻有花纹的底座，可以用作装饰。

蛇神之羽
蛇神翅膀上带有魔力的羽毛，可用于合成蛇神之翼。只有击败蛇神的勇士才能获得。

深海鱼鳃
在水中击败深海鱼有概率获得，是在锅中制作深海呼吸药剂的材料之一。

火种
使用工匠台制作火之卷轴、生命结晶、黑龙混乱球的材料之一。击败硫黄射手获得。

一捆玉米
使用工匠台制作生命结晶的材料之一。击败远古黑龙后在工匠台解锁制作。

合成配方：
玉米×64

一沓皮革
使用工匠台制作混乱结晶的材料之一。击败熔岩黑龙后在工匠台解锁制作。

合成配方：
软皮革×64

生命结晶

使用工匠台合成熔岩号角的材料之一。击败远古黑龙后在工匠台解锁制作。

合成配方:

一捆玉米×3　　火种×15

岩石结晶

使用工匠台合成熔岩号角的材料之一。击败远古黑龙后在工匠台解锁制作。

合成配方:

曙光石块×4　　缠丝玛瑙块×2

混乱结晶

使用工匠台合成混乱号角的材料之一。击败熔岩黑龙后在工匠台解锁制作。

合成配方:

一沓皮革×3　　灰色龙兰舌×15　　硫黄晶砂×1

宝石结晶

使用工匠台合成混乱号角的材料之一。击败熔岩黑龙后在工匠台解锁制作。

合成配方:

琥珀块×4　　钨金块×2　　硫黄晶砂×1

熔岩号角

对熔岩之石使用,可以解除封印,召唤熔岩黑龙。击败远古黑龙后在工匠台解锁制作。

合成配方:

生命结晶×1　　岩石结晶×1

混乱号角

对混乱之石使用,可以解除封印,召唤混乱黑龙。击败熔岩黑龙后在工匠台解锁制作。

合成配方:

混乱结晶×1　　宝石结晶×1

熔岩之石

远古黑龙被击败后产出的龙蛋,需要放置在烈焰星龙岛才能使用熔岩号角召唤熔岩黑龙。

合成配方:

秘银块×3　　钨金块×1　　黑龙雕像×1
炽炎块×2

混乱之石

熔岩黑龙被击败后产出的龙蛋,需要放置在烈焰星龙岛才能使用混乱号角召唤混乱黑龙。

龙骨

使用工匠台制作龙骨弓的材料之一。打败熔岩黑龙或混乱黑龙后,破坏龙岛中的罐子获得。

熔岩之心宝石

使用工匠台制作熔岩披风的材料之一。打败熔岩黑龙后,破坏龙岛中的罐子获得。

万能激活石

可以用于激活符文的万能激活石,击杀符文石怪获得。

低级攻击符文

低级的攻击符文石，可以在符文台上激活武器的符文。

中级攻击符文

中级的攻击符文石，可以在符文台上激活武器的符文。

高级攻击符文

高级的攻击符文石，可以在符文台上激活武器的符文。

低级防御符文

低级的防御符文石，可以在符文台上激活防御装备的符文。

中级防御符文

中级的防御符文石，可以在符文台上激活防御装备的符文。

高级防御符文

高级的防御符文石，可以在符文台上激活防御装备的符文。

低级效率符文

低级的效率符文石，可以在符文台上激活工具的符文。

中级效率符文

中级的效率符文石，可以在符文台上激活工具的符文。

高级效率符文

高级的效率符文石，可以在符文台上激活工具的符文。

萌眼星贝壳

和宇宙商人交易时使用的货币，可兑换萌眼星的特殊物品。也可与宇宙商人用其他物品交易获得。

牛角

牛与牛之间发生争斗时有概率掉落，可以用来合成号角。

蝎尾

巨型毒尾蝎的尾刺，使用锋利武器攻击巨型毒尾蝎可获得。十分锋利，可以用来将蝎壳盾强化为蝎刺盾。

平凡晶核

击败野人祭司获得。可用于合成平凡法权。

合成配方：

雨林之芯碎片×6　　星光粉尘×3

炽烈晶核
击败野人祭司获得。蕴含着火焰力量的晶核，可用于合成炽烈法杖。

雷电晶核
击败羽蛇神获得。蕴含着雷电之力的晶核，可用于合成雷电法杖。

淬毒晶核
击败野人祭司获得。淬有剧毒的晶核，可用于合成淬毒法杖。

复苏晶核
击败野人祭司获得。具有治愈效果的晶核，可用于合成复苏法杖。

召唤晶核
蕴含神秘力量的晶核，可在沙漠遗迹中获得，是召唤法杖的力量之源，可用于合成召唤法杖。

荧光晶体
使用工匠台制作荧光晶块和部分灯具的材料之一。在水中击败灯笼鱼有概率获得。

合成配方：
荧光晶块×1

岩石碎片
使用工匠台制作星辉石、星启石等道具的材料之一。击败萌眼叮叮有概率获得。

冰晶
使用工匠台制作星辉石等道具的材料之一。击败萌眼咚咚有概率获得。

聚合物
使用工匠台制作星辉石等道具的材料之一。击败萌眼当当有概率获得。

重力结晶
使用工匠台制作黑龙混乱球、脉冲弓、喷射爪钩的材料之一。击败萌眼咻咻有概率获得。

神秘图腾—大地
作为装饰的石像。可在萌眼星的玛雅文明遗迹中收集。

神秘图腾—天空
作为装饰的石像。可在萌眼星的玛雅文明遗迹中收集。

神秘图腾
对其使用星启石可将其激活，生成持续5分钟的氧气区。对其使用星辉石，可点亮或取消地图标记。

巨人雕像

对其使用星启石可将其激活，生成永久氧气区。对其使用星辉石，可点亮或取消地图标记。在萌眼星击败远古巨人后，砸碎陶罐获得。

星启石

对神秘图腾或巨人雕像使用可将其激活，生成氧气区。每次激活消耗1个星启石。使用图纸一星启石在工匠台解锁制作。

合成配方:
岩石碎片×3

星辉石

对已激活的神秘图腾或巨人雕像使用，可点亮或取消地图标记。每次点亮消耗1个星辉石。

合成配方:
岩石碎片×3　　冰晶×3　　聚合物×3

无名纪念碑

记录了古代英雄事迹的神秘石碑，被破坏后，石碑上的文字与其内部的魔力一同消失了。

破损的祭台

古代的祭台，因年代久远，挖掘出来后已无法恢复原状，丧失了魔力。相传古代英雄在火山上建有3个神圣的祭台，在上面放置3种圣物，即可释放星球的创造之力，逼迫邪恶之物现身。

神圣果实

在几近灭绝的神圣树上生长的金色果实，食用后可在一定时间内提高身体的恢复能力。

烈焰断剑

古代英雄在与邪恶怪物战斗时留下的断剑，蕴含着勇气的魔法。相传英雄的宝剑是迷拉星火山祭坛的圣物之一。

石人之眼

曾是古代巫师的施法道具，获得了人的智慧和思想，被虚空之力侵蚀后，幻化为狂暴的石像。相传智者的石眼是迷拉星火山祭坛的圣物之一。

汤圆

点击使用可以投掷该道具。若击中小伙伴，可以将其禁锢一段时间。需要存档使用。

红色福袋

点击使用可以投掷该道具。若击中小伙伴，可以将其变为动物一段时间。需要存档使用。可参与春节活动获得。

紫色福袋

点击使用可以投掷该道具。若击中小伙伴，可以将其变为动物一段时间。需要存档使用。可参与春节活动获得。

索引

172

175

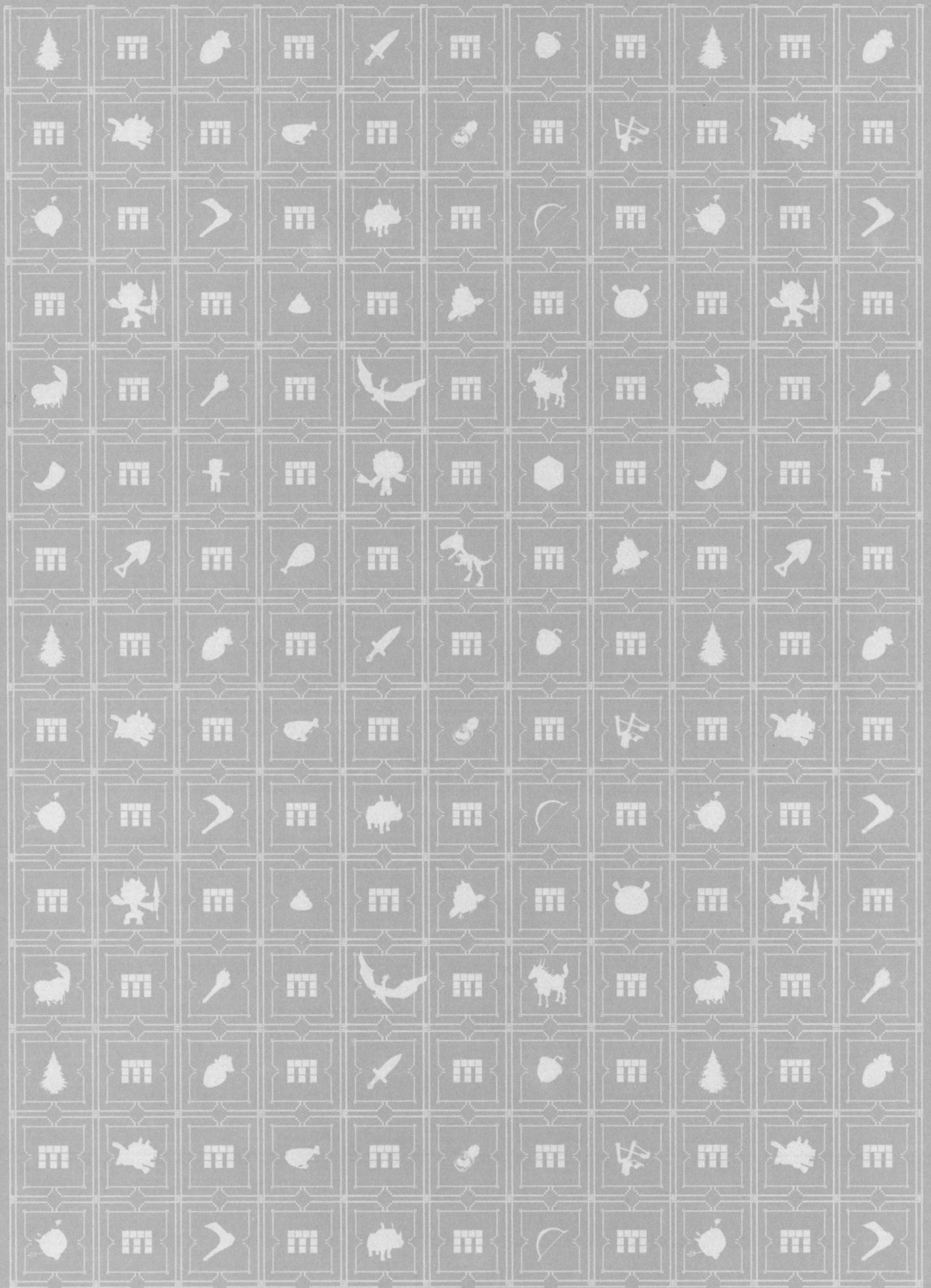